SUPERADOLESCENTE

Nota: Las direcciones de las páginas web que aparecen en este libro han sido revisadas y actualizadas. Editorial Everest no se responsabiliza de las modificaciones que se pudieran producir con posterioridad.

Dirección Editorial: Raquel López Varela
Coordinación Editorial: Ana María García Alonso
Investigadores: Ellie Henderson y Naomi Anderson
Asesoramiento: Helen Greathead
Diseño: Simon Webb
Ilustraciones: Rupert van Wyk y Lyn Gray
(Graham Cameron Agency)
Editor fotográfico: Julia Harris-Voss
Maquetación: Cristina A. Rejas Manzanera
Título original: *Help! Keeping out of trouble. The Law, Society and You*
Traducción: María Luisa Rodríguez
Revisión de contenidos: Alberto Jiménez Rioja

Reservados todos los derechos de uso de este ejemplar. Su infracción puede ser constitutiva de delito contra la propiedad intelectual. Prohibida su reproducción total o parcial, comunicación pública, tratamiento informático o transmisión sin permiso previo y por escrito. Para fotocopiar o escanear algún fragmento, debe solicitarse autorización a EVEREST (info@everest.es), como titular de la obra, o a CEDRO (Centro Español de Derechos Reprográficos, www.cedro.org).

Copyright © 2007 Diverta Publishing Ltd.
All rights reserved.
© EDITORIAL EVEREST, S. A.
Carretera León-La Coruña, km 5 - LEÓN
ISBN: 978-84-441-4515-0
Depósito legal: LE. 846-2010
Printed in Spain - Impreso en España
EDITORIAL EVERGRÁFICAS, S. L.
Carretera León-La Coruña, km 5
LEÓN (España)
Atención al cliente: 902 123 400
www.everest.es

Photo credits:
Alamy: David Hoffman Photo Library 43tl; Darrin Jenkins 27 t.
Reuters: Phil Noble 21br.
Rex Features: 28b.
Science Photo Library: CNRI 25tl & cl.
Shutterstock: Galina Barskaya 11cr; 12b; 42tr; 33tl Andrew Burns 28tr & cl; Philip Date 30tr; Mandy Godbehear 15tl; Mariano Heluani 28cr; Joseph 19bl; PhotoCreate 16bl; 30bl; Jean Schweitzer 26b; Sandra Stiegler 14 cr; Jason Stitt 6cl; 27bl

SUPERADOLESCENTE

Cómo mantenerte alejado de problemas

FELICIA LAW Y OTROS AUTORES
ilustrado por Rupert van Wyk y Lyn Gray

Contenidos

¡Socorro!	6-7
Presión familiar	8-9
Ruptura familiar	10-11
Familias postizas	12-13
Sentirse seguro	14-15
Presión escolar	16-17
Acoso escolar	18-19
Violencia en las aulas	20-21
Presión social	22-23
Alcohol	24-25
Tabaco	26-27
Las drogas	28-29
Presión sexual	30-31
Riesgo sexual	32-33
Aléjate del peligro	34-35
Problemas con la ley	36-37
Delito y castigo	38-39
Salud mental	40-41
Buscando ayuda	42-43
Índice alfabético	44-46
Direcciones útiles	47

¡Socorro!

¡SOCORRO!

¿Alguna vez sientes que necesitas ayuda? ¿Te gustaría recibir consejo sobre cómo enfrentarte a las presiones de tu vida? ¿Te gustaría saber con quién contactar si te encuentras en una situación difícil? Si la respuesta es afirmativa, este libro es para ti.

Sea cual sea tu problema, siempre es bueno saber que no estás solo. Este libro te ayudará a resolver muchas situaciones diferentes en casa, en el colegio y en la sociedad. Te dará consejos sobre cosas de las que te resulta difícil hablar: peleas y rupturas familiares, acoso, racismo, peligro en las calles, sexo, drogas, alcohol e infracciones de la ley. También te dará ideas sobre qué hacer si las cosas van mal.

Una época confusa

Al entrar en la adolescencia, tu vida cambia de muchas formas. Dejas de pasar tanto tiempo en casa y empiezas a salir más con los amigos. En lugar de dejar que tus padres tomen casi todas las decisiones sobre tu vida –tu ropa, tus amigos y cómo empleas tu tiempo–, empiezas a decidir por ti mismo. Esto puede ser muy emocionante, pero también aterrador. En ocasiones puedes acabar en situaciones donde te sientes incómodo o incluso amenazado. Y algunas de tus decisiones pueden llevar a conflicto: con los padres y los profesores, e incluso con la policía.

Humor cambiante

Y para colmo de todos estos cambios en tu vida, tus primeros años adolescentes son también una época de cambio físico extraordinario. Durante la pubertad, tu cuerpo se desarrolla muy deprisa y lleva cierto tiempo acostumbrarse a la nueva versión adulta de ti mismo. La pubertad no solo implica cambios físicos, también afecta a tu humor, haciéndote sentir gruñón sin motivo o llevándote de la alegría a la desesperación.

Normas y reglas

Muchos adolescentes tienen problemas con las normas: en casa, en el colegio o en la sociedad. A veces es posible cambiar estas normas. Por ejemplo, cuando te haces mayor, tus padres pueden estar de acuerdo en replantear algunas de las normas existentes. Pero otras normas no pueden cambiarse. Así pues, si infringes las normas escolares o las reglas de la sociedad, tendrás que hacer frente a las consecuencias. Esto puede parecer injusto, pero casi todas las normas existen por una buena razón: mantener tu seguridad y la de otras personas.

No es la policía quien establece las normas, sino ¡LA SOCIEDAD!

¡Socorro!

¡AYUDA A LOS ADULTOS!

Si tu problema es el conflicto con tus padres, prueba a ponerte en su lugar. No es fácil, ¡pero inténtalo! Y también podría ocurrir que tus padres y los otros adultos que te rodean estuvieran equivocados. Por ejemplo:

1. ¿Los adultos se ponen en contra de ti? «Tu padre dice…». «Tu profesor cree…». ¿Se van de la lengua cuando les has contado algo de manera confidencial? ¿Puedes confiar en ellos para contarles tus problemas?

2. Te han enseñado que la ira es una emoción natural y que puede ser una gran arma de negociación para conseguir tu objetivo; SIEMPRE que puedas controlarla. La ira ayuda a que una persona presente un argumento más convincente, pero no si gritas o amenazas. ¿Estás copiando malos hábitos de los adultos que conoces?

3. ¿Sientes que todo el mundo es tu enemigo? ¡No deberías! Con frecuencia no estarás de acuerdo con las personas que quieres, y eso no os convierte en enemigos. Hay dos caras en cada disputa, pero ¿están los otros transformando la vida en una guerra?

4. ¿Sabes cuándo puedes estar equivocado o cuándo estás siendo difícil o antipático? Saber cuándo no tienes razón es un rasgo muy adulto, pero, ¿los adultos que conoces están dispuestos a aceptar la culpa o siempre eres TÚ quien se equivoca?

5. ¿Todos se ponen tan a la defensiva que te vuelves verbal o físicamente insultante, o te enfurruñas de forma que es imposible conversar? ¿Gritas porque todos gritan también?

¡Lástima!

Los adultos no siempre lo hacen bien. Y muchas veces no son el modelo de conducta que deberían ser. Pero al comprenderlos, puedes aprender muchas cosas que te ayudarán a convertirte en la persona que quieres ser. ¿Parece fácil? Acepta que no siempre eres tú el problema, pero si lo eres…

¡HAZ ALGO AL RESPECTO!

Busca ayuda

Con todo esto, no sorprende que muchos adolescentes terminen sintiéndose confundidos y necesitando ayuda y apoyo.

Por suerte, hay mucha ayuda profesional. Cuando sepas dónde buscar, encontrarás una gran variedad de personas y organizaciones dedicadas a ayudar a los jóvenes a resolver sus problemas. Algunas de estas organizaciones tienen teléfonos a los que puedes llamar en cualquier momento. Otras tienen páginas web llenas de información y consejos útiles. En la página 47 encontrarás una lista de «direcciones útiles», que pueden servirte de ayuda.

¡Socorro!

PRESIÓN familiar

La familia puede ser fantástica, pero también puede resultar difícil de soportar. Muchos adolescentes se enfrentan con el problema de las disputas familiares. Cuando estás creciendo, es perfectamente normal tener algún desacuerdo con tus padres, pero a veces estas riñas pueden descontrolarse.

Peleas familiares

Al entrar en la adolescencia, es probable que te pelees más con tu madre y tu padre. Sientes que es hora de decidir por ti mismo. Tus padres, por su parte, se enfrentan al hecho de que tienes opiniones propias. Te han protegido durante mucho tiempo y ahora aceptan que te estás haciendo independiente, pero todavía quieren lo mejor para ti: ¡igual que tú! Lo que ninguno puede hacer es ponerse de acuerdo en QUÉ es lo mejor.

A veces ha de pasar algún tiempo hasta que todos se acostumbren a su nuevo papel.

Con un poco de suerte, aprenderás a exponer y defender tu punto de vista de una forma tranquila y razonable. Aprenderás también el arte de la negociación –otra forma de decir «salirte con la tuya»–, y las ventajas de «dar y recibir» y del compromiso.

Los hermanos

Los hermanos y las hermanas pueden poner a prueba tu paciencia. Pueden volverse tercos, entrometidos, críticos y competitivos… y a veces consiguen ser todas estas cosas a la vez. Entonces, ¿qué puedes hacer para que la convivencia con los hermanos sea una experiencia menos estresante?

Provocaciones

No respondas a las burlas. Los hermanos saben cómo provocar, pero si no respondes, se cansarán enseguida y buscarán otro entretenimiento.

¡Aléjate!

Date más espacio. Si te alejas de vez en cuando de tu hermano o hermana, acabarás apreciándolo más. Recuerda que estos miembros de la familia estarán ahí durante años y años, pero la relación que establezcas de niño puede crear un vínculo estrecho para el resto de tu vida… ¡o no!

¿Eres tú?

Piensa en tu conducta. Tal vez hagas cosas que empeoren la relación. ¿Estás aprovechándote de que eres mayor para mangonear a los pequeños? No tienes que hacerte el simpático para ser un buen hermano mayor.

Angelitos

En ocasiones, los hermanos sorprenden siendo amables y comprensivos. Y una cosa genial sobre los hermanos es que puedes relajarte del todo en su compañía y no preocuparte de nada.

¡Socorro!

¡Tregua!

Las peleas pueden ser agotadoras; por suerte, hay formas de poner fin a estas disputas.

Piensa en positivo
Muchas riñas familiares pueden ser circulares: ambos bandos dicen lo mismo. Si observas que existe esta rutina, prueba a dar un paso mentalmente y piensa en una forma positiva de salir de esa situación.

Controla tu ira
Tómate algo de tiempo. Ve a tu habitación, escucha algo de música relajante o incluso sal a dar un paseo.

Mantén la calma
Procura estar tranquilo. Es más fácil decirlo que hacerlo, pero merece la pena. Tus discusiones y opiniones parecerán mucho más claras y razonables si las expones relajado.

Elige las palabras
Cuando empiezas a insultar a alguien, a elevar la voz o a decir groserías… probablemente hayas perdido el rumbo.

Consejo externo
Pide una segunda opinión a alguien que respetes, que escuche ambas partes de la discusión y decida cómo puede resolverse.

Compromiso
Procura llegar a un compromiso. Por ejemplo, podrías aceptar ordenar tu habitación si tus padres te dejan llegar una hora más tarde.

Y la buena noticia…
La buena noticia para los jóvenes es que las peleas familiares casi siempre se reducen con el tiempo. Poco a poco tus padres aceptarán la idea de que tienes derecho a tener tus propias opiniones. Y, con un poco de suerte, aprenderás el arte de exponer tu punto de vista sin alterarte.

LO QUE CUESTAS
En el Reino Unido se calcula que el coste de criar a un hijo, desde que nace hasta que cumple los 17 años, asciende a 206 500 euros. Esta cantidad cubre: accesorios para el bebé, educación pública, alimentación, ropa, dinero extra y equipamiento básico del hogar.

AYUDA A TUS PADRES
¿Te han enseñado tus padres las siguientes habilidades? Si no fuera así, ¡debes aprenderlas solo! Las relaciones familiares son difíciles, sobre todo cuando los jóvenes de la casa intentan averiguar quiénes son. Debes aprender a dominar lo siguiente:
- Saber cómo negociar.
- Saber cómo congeniar, es decir, aprender a ponerse en lugar del otro.
- Saber cómo aceptar la culpa.
- Saber cómo y cuándo ceder.
- Saber cómo discutir.
- Aceptar que nadie se sale siempre con la suya.
- Saber cómo controlar la ira.

¿Se te da bien todo esto? Si así fuera, tus padres se merecen un premio… ¡o al menos que les des las gracias!

¿Se te da fatal? Lo más probable es que a tus padres también, así que no les vendría nada mal poner en práctica algunas ideas que se recogen en este libro.

¡Socorro!

RUPTURA familiar

La ruptura familiar es una parte desafortunada de la vida moderna. Si tú no has pasado por ella, seguramente conozcas a alguien que sí. Presenciar cómo tus padres se separan es doloroso ocurra como ocurra. Pero si esto sucede cuando estás inmerso en tu propio proceso de maduración, puede resultar especialmente difícil.

Terapia psicológica

No te enfrentes solo a tus sentimientos. Si puedes, busca a alguien con quien hablar. Podría tratarse de alguien de tu familia, un profesor, un psicólogo o un amigo. Hablar con un amigo que haya pasado por una experiencia similar, te ayudará.
Si te preocupa cómo la ruptura puede afectar a tu vida, no te guardes las inquietudes. Encuentra un momento para contar a tus padres lo que piensas. Aunque te parezca que están demasiado ocupados, es mucho mejor compartir tus preocupaciones que dejar que la angustia y el rencor aumenten.

La vida sigue

No pongas tu vida en pausa mientras tus padres se separan. Si mantienes tus actividades habituales, te será más fácil enfrentarte a los problemas de casa. Hacer algo de ejercicio y divertirte con los amigos, también te ayudará a liberar la tensión que llevas dentro.

¿Quién tiene la culpa?

Cuando los padres se separan, es muy común que los jóvenes crean que ellos son culpables en cierta manera. Algunos adolescentes sienten que no deberían haber molestado a sus padres o haberles ayudado a seguir juntos. Pero la separación y el divorcio nunca los provocan niños. Es un problema de los padres, no de los hijos.

EL PROCESO DE DIVORCIO

Cuando los padres deciden divorciarse, comienza el proceso legal de repartir las pertenencias… y, por desgracia, si eres menor de edad, eso te incluye a TI. La solicitud de divorcio debe contemplar dónde vas al colegio, con qué cónyuge vas a vivir, cuándo vas a ver a tu padre o madre y demás. Si el padre y la madre participaban en tu educación antes del divorcio, continuarán haciéndolo después. En la mayoría de los casos de «custodia compartida», el niño reparte su tiempo entre el padre y la madre, y las decisiones importantes seguirán siendo tomadas por ambos. Si los padres no se ponen de acuerdo, entonces puede intervenir un juez.

Es una pena que esto no pueda solucionarse entre tú y tus padres, sin la intervención de un abogado. Por suerte, casi todos los padres intentan que el proceso sea lo más fácil posible. Y, claro está, los dos te quieren y desean que te adaptes a la nueva situación de forma rápida y sencilla.

¡Socorro!

Los padres también sufren

Parece que algunos adultos sobrellevan mejor la ruptura familiar, pero otros sufren sentimientos de ira, desesperación y abandono. Si vives con un padre o una madre que está muy enfadado o deprimido, puede ser una carga muy difícil de soportar. No intentes enfrentarte a esto solo. Tu padre o tu madre necesita ayuda profesional. Habla con un adulto que conozca tu situación o contacta con una organización especializada.

Tal vez descubras que tu padre o tu madre te necesita más que nunca. En ocasiones, los adultos se acercan a los hijos como si fueran amigos a fin de que escuchen sus problemas y quejas. Puedes tener la madurez suficiente para resolver esto, o quizá descubras que un abrazo soluciona el problema. Pero si las exigencias son exageradas, serás el que más sufra y tendrás que poner límites.

No tengas miedo a decir abiertamente que no puedes ser el consejero.

A veces, los padres confían demasiado en la madurez de sus hijos.

Tras la ruptura

Cuando una familia se rompe, todos tienen que acostumbrarse a un nuevo estilo de vida. Es posible que acabes pasando más tiempo solo con tu madre o con tu padre. Quizá acabes viviendo en otra ciudad, y tal vez el dinero sea menos de lo habitual. Es normal sentirse inestable y triste en estos momentos. Pero la buena noticia es que, a pesar de todas las dificultades, tu vida pronto recobrará el equilibrio.

Los padres están mejor que antes y ya no se pelean constantemente. Y así muchos jóvenes disfrutan la posibilidad de pasar un tiempo con su madre o su padre por separado. Enfrentarse a una ruptura familiar puede hacerte comprender que es posible superar situaciones difíciles…

Dos vidas, dos hogares

El hogar será diferente después de una ruptura. Es más fácil tener una casa grande y cómoda siendo dos, que cuando una persona tiene que hacer frente a los pagos en solitario. Es posible que tengas menos espacio para ti, menos comodidades o que tengas que compartir espacio con nuevos miembros de la familia que son, en realidad, completos desconocidos. Al mismo tiempo, tienes dos hogares, lo cual no está tan mal si te sientes igualmente querido en ambos.

¡Socorro!

Familias POSTIZAS

Con frecuencia, tras una ruptura, tu padre, tu madre, o ambos, encuentran una nueva pareja y, en ocasiones, esto puede ocurrir poco después. Pero, cuando esta persona aparece en tu vida, tendrás que acostumbrarte a ella… ¡y a veces resulta un tanto difícil!

¡Un nuevo impostor!

Es completamente natural sentirse infeliz por la nueva pareja de tu padre o madre. Aunque te caigan bien, están sustituyendo a tu padre o tu madre. Harán cambios en tu rutina e incluso pueden criticarte o decirte lo que debes hacer. También puedes sentir que te están robando el tiempo que tu madre o tu padre pasarían contigo.

Sigue hablando

Busca un amigo con quien hablar. Es bueno tener un oyente comprensivo, y algunos de tus amigos seguramente hayan pasado por situaciones similares. Tal vez conozcan alguna estrategia útil para enfrentarse al nuevo adulto presente en sus vidas.

Habla con tu madre o tu padre sobre tus sentimientos. Es posible que no se hayan dado cuenta de que algunas de las cosas que hace su nueva pareja, te entristecen. Si explicas qué es lo que te hace sentirte infeliz, es posible cambiar las cosas.

Procura que tus padres sepan que todavía necesitas pasar algún tiempo a solas con ellos.

Sé generoso

Intenta dar una oportunidad a la nueva pareja (después de todo, tu madre o tu padre la habrán elegido por buenos motivos). Es de gran ayuda si dedicas algún tiempo a conocerlos mejor. Cuando ellos sepan lo que te gusta, será mucho más sencillo que respeten tus deseos y opiniones.

Acostumbrarte a un nuevo adulto en tu vida no es fácil, y debes saber que habrá momentos difíciles. Pero muchos adolescentes han salido de esta experiencia con un nuevo amigo con quien hablar. Y, con el tiempo, también han aprendido un montón sobre llevarse bien con las personas, con frecuencia con niños de distinta edad que ellos.

Es difícil aceptar cambios importantes en tu vida, pero hablar y compartir los sentimientos es de gran ayuda.

¡Socorro!

Familias reconstituidas

En muchos casos, no solo llega a tu vida una nueva pareja. ¡También toda una nueva familia! Esto puede ser aun más difícil. De pronto, ya no eres el único. Quizá tengas hermanastros y hermanastras a quien conocer.

Formar parte de una familia reconstituida significa que has de compartir a tu madre o tu padre con otros niños. Tienes que pasar tiempo con tus hermanastros, y posiblemente también tengas que compartir habitación. En este nuevo escenario, es posible que acabes sintiéndote infeliz, enfadado y abandonado. También podrías descubrir que no te llevas bien con tus hermanos y hermanas «postizos».

Cómo encajar

Si te sientes infeliz en tu nueva familia reconstituida, habla con tu madre o padre. Cuando sepan cómo te sientes, tratarán de arreglar las cosas y pasar más tiempo a solas contigo para que no te sientas abandonado. Tampoco debes preocuparte si tú no llegas a ser amigo del alma de tus hermanastros.

Simplemente procura llevarte bien al principio, y recuerda que seguramente ellos se sientan tan raros y tristes como tú.

Cuando las cosas se hayan estabilizado, la vida de la familia reconstituida puede funcionar a la perfección. Tal vez incluso descubras que has hecho amigos increíbles.

AYUDA A TU PADRASTRO O MADRASTRA

- Las familias reconstituidas surgen cuando, tras haber perdido al padre o a la madre por una muerte o divorcio, otra persona pasa a ocupar su lugar en el ámbito familiar. Esto significa que hay sentimientos en juego desde el principio.
- Acepta que la nueva familia no va a ser como la primera. Es un nuevo grupo. Presenta intereses y actividades sobre los que establecer vínculos.
- No juzgues al nuevo padre o madre por el que has perdido. Desearán una relación distinta.
- No cuestiones su disciplina. Es cierto, no es tu padre ni tu madre, pero sigue siendo el adulto que está al mando y tiene derechos, tanto en el hogar familiar como en tu educación.

- No intentes poner a tu padrastro o madrastra en contra de tu padre o tu madre biológico para conseguir lo que quieres. Nunca funciona y acabarán poniéndose de acuerdo de todas maneras.
- No trates de conseguir más atención que los otros niños de la familia. Si disfrutas de tiempo con tu padre o madre biológico y con tu padre o madre adoptivo, ¡es genial! Y si eres capaz de compartirlos con tus nuevos hermanos y hermanas, ¡mucho mejor!
- Da a tu padrastro o madrastra algo que hacer por ti: ponles a trabajar en TU bando. Llevarte a hacer deporte, ayudarte con tus tareas o cualquier cosa que les haga sentirse útiles y partícipes de tus asuntos.

¡Socorro!

Sentirse SEGURO

Para algunos adolescentes, el hogar familiar no es un lugar seguro o feliz donde estar. A veces sufren situaciones que podrían describirse como un tipo de abuso. O tener un padre o una madre depresivo, o que es adicto a las drogas o el alcohol. En casos como estos, los adolescentes llevan una pesada carga de preocupación sobre sus hombros… y necesitan toda la ayuda posible.

¿Qué es el abuso?

«Abuso» es una palabra que ha aparecido de repente en nuestro vocabulario, para describir cualquier forma de trato que perjudique a alguien más débil que el mismo abusador. Puede ocurrir en toda clase de familias –ricas y pobres–, y puede sucederle a jóvenes de cualquier edad. El abuso puede implicar a un padre/madre, un padrastro/madrastra, otro familiar o incluso un amigo de la familia. De hecho, el abusador puede ser alguien que vive con la víctima o que es un visitante habitual de su hogar.

Abuso físico

El abuso físico ocurre cuando una persona joven es maltratada por los padres u otras personas. Golpes, patadas o empujones son formas de abuso físico; provocan diversas lesiones y, en algunos casos, la muerte.

Abuso sexual

El abuso sexual no implica necesariamente un acto sexual. Los niños o las niñas pueden ser obligados a contemplar pornografía, ser molestados con sugerencias o comentarios sexuales, ser tocados de forma sexual o incluso forzados a mantener relaciones sexuales. Estas experiencias provocan profundos daños psicológicos.

Abuso emocional

Ocurre cuando los niños de una familia no reciben amor, aprobación o afecto. Se les critica, culpa o grita constantemente. Se les dice que son tontos, feos o inútiles, y se les rechaza cuando buscan cariño. Quienes han experimentado abuso emocional suelen tener una autoestima muy baja y necesitan mucha ayuda para reforzar su confianza.

Violencia doméstica

En ocasiones los jóvenes de una familia no resultan heridos, pero son testigos de violencia e ira. Ven y oyen cómo se pelean sus padres o incluso cómo uno de ellos es maltratado. Esto puede resultar terriblemente angustioso. Si te preocupa la violencia doméstica, hay personas con las que puedes hablar.

¡Socorro!

Padres con problemas

Es muy duro ver que tus padres tienen problemas, aunque sepas que pronto habrán pasado. Pero si tu madre o padre sufren un problema a largo plazo, si están enfermos, desequilibrados o luchan contra una adicción, la presión es enorme.

Los niños de padres con problemas graves pueden experimentar una mezcla confusa de emociones. Una parte de ellos se siente triste y quiere ayudar, mientras que otra parte se siente enfadada por no recibir las atenciones y cuidados adecuados. Por si esto fuera poco, los adolescentes pueden verse obligados a aceptar más responsabilidades: cuidar de hermanos o hermanas pequeños, además de las presiones normales del colegio.

Si crees que tu padre o tu madre necesita ayuda, deberías encontrar un adulto en quien puedas confiar y explicarle cuál es la situación.

Este impresionante cartel expresa la preocupación que muchos jóvenes que sufren abusos son incapaces de expresar.

Consigue ayuda

Muchos jóvenes que sufren abusos, tratan de mantenerlo en secreto. Les asusta lo que pueda ocurrir si el abusador sabe que han desvelado el secreto. También pueden sentirse avergonzados o preocupados por lo que le pase al abusador. Todas estas reacciones son comprensibles, pero siempre es mejor contarlo. El abuso es una forma de crueldad y debería acabar. Además el abusador necesita ayuda, igual que la víctima.

ATRAPADO EN EL PASADO

Como es difícil contar a un adulto que eres víctima de abusos físicos o sexuales, a muchas personas les resulta más fácil olvidar esos recuerdos y fingir que nunca han ocurrido. Por este motivo, muchos jóvenes que han sido sometidos a abusos son «sumisos». Por desgracia, si uno no se enfrenta a estos recuerdos, casi nunca desaparecen. Permanecen en forma de influencias psicológicas fuertes en futuras relaciones con otras personas a lo largo de la vida adulta. También crean una serie de falsos valores que rigen la vida de las víctimas. La terapia psicológica es la mejor forma de sacar a la luz estos recuerdos y de enfrentarse a ellos.

En el Reino Unido, el 11% de los niños menores de 16 años experimentó abusos sexuales directos. El 72% no le contó a nadie el abuso mientras ocurría. El 27% se lo contó a alguien con posterioridad.

¡Socorro!

PRESIÓN escolar

Para muchos adolescentes, el colegio o el instituto puede ser un lugar muy estresante. Además de las presiones derivadas de obtener buenos resultados y sacar buenas notas, están todas esas normas que seguir, y esto ocurre justo en el momento en que deseas más libertad en tu vida. Y también está el desafío de llevarte bien con tus compañeros.

Algunos jóvenes deciden que es demasiado y empiezan a hacer novillos. Pero una vez tomado ese camino, es difícil regresar. Es por ti por quien debes aprovechar al máximo tu etapa educativa para afrontar del mejor modo el «comienzo» de tu vida. Así pues, ¿qué puedes hacer para eliminar el estrés provocado por el colegio?

¿Dónde acabará?

No ha habido una época en la que los jóvenes no sintieran presión por hacer bien los exámenes, sacar buenas notas y competir en el mercado laboral por los mejores trabajos. Pero, hoy en día, las consecuencias de esta presión está alcanzando niveles máximos.

Incluso el entorno en el que se hace un examen puede aumentar el estrés.

Temor al fracaso

Algunos adolescentes sufren mucho más que simples nervios antes de un examen. Pueden sentir tanta presión por hacerlo bien, que pueden llegar a enfermar. Los chicos que están sometidos a presión pueden desarrollar problemas relacionados con el sueño o el apetito, o incluso llegar a pensar en autolesionarse. Si las presiones escolares te superan, hay personas con quien puedes hablar. Casi todos los centros escolares tienen orientadores cuyo trabajo consiste en hablar con los estudiantes sobre sus problemas.

Cada año, cuando llega la época de exámenes, los jóvenes recurren a formas trágicas y perjudiciales para aprobar. Plantearse el suicidio puede parecer radical, pero los exámenes provocan sentimientos de desesperanza, depresión y temor tan intensos que algunas personas lo llegan a contemplar como la única salida. En el Reino Unido, más de 500 jóvenes de 15-19 años lo intentan cada año.

Otros jóvenes se autolesionan para intentar superar la sensación de aislamiento y temor al fracaso. Otros recurren a las drogas, normalmente a los antidepresivos. Las estadísticas muestran que hay un repunte pronunciado, casi del 50% cada año, en las cifras de jóvenes menores de 16 años a los que se les receta fármacos antidepresivos.

CÓMO AFRONTAR LOS EXÁMENES

A nadie le gustan los exámenes, pero algunas personas los afrontan mejor que otras. Si sigues los consejos inferiores, estarás en forma para dar lo mejor de ti.

- Dedica tiempo a prepararte para el examen. Si intentas «apretar» todo en tu cabeza en el último minuto, acabarás sufriendo un ataque de pánico. Confecciona un horario de estudio unas semanas antes e intenta respetarlo al máximo.

- Emplea las técnicas de estudio que sean mejores para ti. A muchas personas les resulta útil tomar apuntes o hacer tarjetas para repasar enunciados y subrayados. También es buena idea buscar algún examen de la misma asignatura y practicar respondiendo a las preguntas.

- Si hay cosas que no entiendes, pide a tu profesor que te las explique. No te agobies tú solo.

- Si te sientes estresado, habla con alguien sobre cómo te sientes. ¡Podría ser que estés trabajando mucho! Cuando estudies, conviene hacer descansos regulares. Procura dormir bien y hacer ejercicio, así como tomar comidas adecuadas. Esto te ayudará a trabajar mejor y pensar con claridad.

- Recuerda que la vida sigue después de los exámenes. Pronto habrán acabado y podrás relajarte.

¡Socorro!

¿Las normas escolares dan seguridad o confunden? Pueden reducir mucho la responsabilidad del individuo.

Normas escolares

Muchos adolescentes no entienden el porqué de las normas escolares. Pero, en la gran mayoría de los colegios, las normas existen por buenos motivos.

Es difícil mantener la seguridad y controlar a un gran número de jóvenes, si no hay reglas que prohíban que las personas corran por los pasillos o griten en medio de las clases. Cumplir normas como estas hace que te sientas más seguro y tranquilo, al tiempo que facilita el aprendizaje. Las buenas normas escolares hacen posible que todos sean respetados y que se escuche la opinión de todos.

Practicar para la vida

Aunque tengas un verdadero problema con las normas escolares, la realidad es que la vida adulta también está llena de normas. Cuando empieces a trabajar, tendrás que cumplir unas normas básicas. La próxima vez que te sientas enfadado por las normas o uniformes escolares, prueba a considerarlos una forma de practicar para la vida adulta. Así, quizá no te parezcan tan molestos.

¡Socorro!

ACOSO escolar

Para muchos adolescentes, los exámenes no son lo peor a lo que han de enfrentarse en el colegio. El acoso puede transformar tu vida en un infierno. Puede hacer que te encuentres asustado, enfadado y deprimido, y que te sientas muy solo. Pero no tiene por qué ser así. Es posible poner fin al acoso, y hay personas ahí fuera para ayudarte.

POR SI NO LO SÉ
Culpa a los padres. Parece que casi todos los acosadores tienen padres que son muy tolerantes o débiles, o que imponen una disciplina dura, casi férrea.

¿Qué es el acoso?

Una historia clásica de la *Biblia* cristiana nos cuenta cómo el insignificante David consiguió matar al gigantesco Goliat abatiéndole con una piedra lanzada con una honda. Por desgracia, abordar al matón de tu vida raras veces es tan sencillo. El acoso puede adoptar diversas formas. Estas son algunas de las cosas que los acosadores pueden hacer para molestarte:
- insultarte,
- herirte,
- robarte cosas,
- estropear tus pertenencias,
- poner a tus amigos contra ti,
- extender rumores sobre ti,
- amenazarte,
- hacer llamadas telefónicas ofensivas o sin responder,
- mandarte mensajes de texto amenazantes u ofensivos,
- publicar en Internet mensajes insultantes contra ti.

Si sufres algún tipo de acoso, debes actuar. No des lugar a que te afecte; si empiezas a creerte las cosas horribles que dicen, les estás dejando ganar. Y recuerda siempre que tú no tienes nada malo, son los acosadores los que tienen el problema.

Cuéntalo

Si te acosan, debes encontrar a alguien con quien hablar… cuanto antes. Tal vez tu padre o tu madre, un profesor u otro adulto a quien conozcas bien. Diles lo que ha estado ocurriendo y cómo te sientes. Compartir tus sentimientos y temores con ellos, hará que te sientas mucho mejor.

Si no te sientes capaz de hablar sobre el problema cara a cara, tal vez te resulte más fácil escribir una carta a alguien en quien confíes, relatando lo que ocurre. O quizá podrías contactar con una organización. Hay varios números de teléfono que ofrecen el apoyo de profesionales; estas organizaciones te aconsejarán qué hacer. Además, respetarán tu derecho al anonimato, si eso es lo que quieres.

¡Socorro!

¡Mantente firme!

No es fácil enfrentarse a los acosadores, pero hay formas de demostrar que no eres una víctima. Si alguien se ríe de ti o te insulta, ignóralo. A los acosadores les gusta obtener una reacción. Si no respondes a sus burlas, suelen acabar dejándolo y marchándose.

El lenguaje corporal dice mucho de ti. Si te muestras vulnerable y a la defensiva, estás enviando un mensaje de que eres fácil de acosar. Pero si te muestras feliz contigo mismo, enviando un mensaje muy diferente. Trata de mostrarte seguro y descubrirás que los acosadores retroceden.

AFRONTA LAS CONSECUENCIAS

El acoso es un asunto serio, ya que puede provocar reacciones extremas en la víctima, incluso el suicidio. El acoso escolar se castiga según las normas del colegio, pero siempre implicará a los padres y, probablemente, supondrá la expulsión temporal o incluso definitiva. El acoso por parte de bandas es un asunto policial y será considerado un delito antisocial que puede ser castigado con arresto domiciliario, multas o servicios comunitarios.

¿Por qué ser un acosador?

Entonces, ¿qué hace a un acosador? La respuesta es que ellos son bastante complicados. Sería estupendo pensar que todos los acosadores son débiles, pero lo cierto es que son fuertes, seguros de sí mismos y poseen una gran autoestima. Suelen ser agresivos, proclives a la violencia física, belicosos, muy irascibles y de acción rápida. De hecho, es esta impulsividad lo que desencadena sus actos de frustración: carecen de la más mínima noción de tolerancia.

Claro está, los acosadores son débiles en el sentido de que son emocionalmente muy inmaduros. Suelen compensar esto con la agresión física. Otros utilizan el acoso psicológico; intentan manipular a las personas y los acontecimientos. Fingen no pensar en las consecuencias de sus actos y confían en escabullirse de cualquier desafío empleando aún más agresión y manipulación.

El acoso es casi siempre un signo de alarma de que alguien está buscando problemas. Los adolescentes que acosan tienen cuatro veces más probabilidades, que los que no acosan, de acabar condenados por un delito al cumplir 24 años.

AL LÍMITE

El joven de 13 años, Vijay Singh, fue hallado colgado del pasamanos de la escalera de su casa en el Reino Unido. Esto es lo que había escrito en las últimas páginas de su diario:
Lo recordaré siempre y no lo olvidaré nunca.
Lunes: me quitaron el dinero.
Martes: me insultaron.
Miércoles: me rompieron el uniforme.
Jueves: me hicieron sangrar.
Viernes: ha terminado.
Sábado: libertad.

¡Socorro!
VIOLENCIA en las aulas

Las peleas en el recreo no son nada nuevo, pero la violencia escolar aumenta. En muchos colegios e institutos hay personas que parecen buscar pelea constantemente. Son tanto chicos como chicas, que transforman los pasillos en lugares inseguros. Y lo que es peor, se está poniendo de moda llevar armas, sobre todo navajas, y usarlas como excusa para atacar y defenderse. En EE. UU. la violencia escolar alcanzó tales niveles —hasta 40 alumnos han sido asesinados o heridos en un solo día—, que los centros escolares tuvieron que instalar escáneres en la entrada y contratar guardias de seguridad.

CONTROL DE LA IRA

¿Eres uno de esos que siempre se mete en peleas? ¿Te pones hecho una furia o empiezas a golpear de repente? Si la respuesta es positiva, tienes un problema con tu ira, pero no eres el único. Muchos adolescentes experimentan sentimientos parecidos. Solo es una forma de enfrentarse a las muchas presiones a las que estás sometido.

Si te encuentras en una situación en la que necesitas pegar, hay otras cosas que puedes hacer para mantener tu ira bajo control. Como la ira es una emoción muy fuerte, estas técnicas no funcionarán de la noche a la mañana, pero cuanto más las practiques, mejor controlarás tus sentimientos.

La próxima vez que alguien o algo te enfade, prueba a seguir los siguientes pasos.

• Tómate un tiempo. Antes de hacer o decir nada, respira hondo varias veces y repite una expresión tranquilizadora como «cálmate» o «tranquilo». Esto te dará tiempo para pensar antes de hacer algo de lo que puedas arrepentirte.

• Piensa en lo que te ha enfadado. Con frecuencia las personas enojadas no escuchan con atención y llegan a conclusiones equivocadas. En ocasiones, si piensas antes de actuar, te darás cuenta de que la ira no es la reacción adecuada.

• Plantéate tus opciones. Identifica el problema que provoca tu enfado y piensa en distintas formas de resolverlo... que no impliquen pegarse.

• Piensa en positivo. Recuerda que el mundo no está contra ti. Simplemente estás pasando un momento difícil en tu vida cotidiana.

¡Socorro!

Mantente a salvo

Si te preocupa la violencia, es aconsejable que tomes medidas para mantenerte a salvo. En los recreos y comidas, permanece en zonas seguras del centro donde haya gente cerca. Si vas al colegio o instituto en autobús, procura no sentarte solo. Y si vas andando, queda con otros compañeros, aunque sean mayores o menores que tú. No se lo pongas fácil a los «pegones». Procura que no te encuentren solo.

Aléjate

Cuando las cosas se ponen feas en clase, muchos adolescentes optan por no ir. Unos lo hacen sin que sus padres lo sepan, y se pasan el día holgazaneando por ahí. Otros obtienen el consentimiento de sus padres y se quedan en casa alegando enfermedad.

Es natural querer alejarse de los problemas, pero esta no es la solución. Normalmente el problema no cesa después de un período de ausencia. Si faltas mucho a clase, tendrás que enfrentarte también a los problemas derivados de perder el contacto con tus amigos y tener que hacer montones de tareas para ponerte al día.

La mejor forma de enfrentarse a los problemas escolares es hablar con un adulto –un profesor o un orientador–, que pueda hacer algo positivo por resolver la situación. Ya se trate de acoso o violencia en el patio, es preciso poner fin al problema.

ENTREGA TU ARMA

A lo largo de los últimos 20 años se ha extendido el uso de armas blancas entre muchos jóvenes. Es preocupante oír que llevan una navaja para protegerse. La realidad es que un arma blanca aumenta las probabilidades de acabar en una pelea. Las personas que empiezan la noche como «amigos del alma» pueden acabar en el hospital o en el depósito de cadáveres porque llevaban un arma. Si a una navaja le añades alcohol y drogas, tendrás una situación explosiva con graves consecuencias para el agresor, su familia y la comunidad. Las armas de la fotografía muestran lo que la gente entrega cuando la policía organiza una «amnistía de armas blancas», oportunidad para decidir salvar vidas y entregar cuchillos, navajas o cualesquiera otros objetos de agresión.

¡Socorro!

PRESIÓN social

Al llegar a la adolescencia, los amigos juegan un papel cada vez más importante en tu vida. En lugar de aceptar los consejos de tus padres sobre cómo deberías vestir, lo que deberías hacer el fin de semana o cómo deberías gastarte tu dinero, empiezas a escuchar más a tus amigos. Después de todo, ellos son los que saben más sobre tu vida cotidiana y les gustan las mismas cosas que a ti.

¿Amistad, a cualquier precio?

Los amigos pueden ser un gran apoyo. Te ayudan en los momentos difíciles, te dan ideas y te animan a probar cosas nuevas. Pero hay ocasiones en que los amigos te hacen infeliz. A veces te presionan para hacer cosas que no te agradan. En estos momentos, debes aprender a ser tú mismo y decir «no». Aprender a soportar la presión social es un gran desafío para casi todos los adolescentes.

Presión de los compañeros

Tus compañeros son personas de tu edad. Son tus amigos y, también, los chicos a los que ves en clase, en el equipo o en otras actividades.

Durante la adolescencia, cuando estás descifrando quién eres, es natural que te identifiques con tus compañeros y que te compares con ellos. Te influyen su aspecto, cómo actúan, las cosas en que participan y sus actitudes y opiniones.

Soportar la presión

Es difícil precisar la presión de los compañeros. En su versión más evidente, tus amigos te animarán a hacer lo mismo que ellos, incitándote a beber y consumir drogas, o a quebrantar la ley de alguna manera. Pero con frecuencia es mucho más sutil que todo esto. Quizá observes que todos los amigos de tu grupo beben o fuman; todos, menos tú. Tus amigos quizá comiencen a bromear sobre la gente que no es *in* o tal vez te hagan ver a través de otros detalles que no estás a la altura. Recibas como recibas el mensaje, no sienta bien saber que tus amigos te presionan.

¡Socorro!

Y, por último, si te ves arrastrado hacia una situación peligrosa, no dudes en pedir ayuda a un adulto.

Como un *lemming*

Los lemmings son pequeños roedores que habitan en las regiones árticas del mundo. Se dice que cada año, millones de lemmings se suicidan lanzándose al océano o tirándose por los acantilados. Este mito se ha convertido en una metáfora para las personas que siguen a la multitud, imitándolos sin pensar en las consecuencias.

No te dejes llevar

Hace falta valor para mantenerse firme ante los compañeros, pero si tomas tus propias decisiones en lugar de dejarte llevar, acabarás sintiéndote mucho mejor contigo mismo. He aquí algunas pistas sobre cómo y cuándo resistir la presión.

• Sintoniza con tus sentimientos. En tu interior sabes si una situación no es adecuada para ti. Escucha a tus sentimientos y actúa en consecuencia.
• Planifica con antelación. Si crees que vas a encontrarte con una situación embarazosa –como que te ofrezcan una bebida alcohólica cuando no te apetece–, piénsalo antes. Ensaya lo que vas a decir o planea una estrategia. Si ya llevas una lata de bebida en la mano, probablemente no te ofrezcan otra.
• Organiza tus salidas. Si te preocupa que una fiesta se «vaya de las manos», por ejemplo, ten preparada una excusa para escabullirte.
• Aprende a decir «no». Explica con tranquilidad que no es el tipo de cosa que te gusta. Hace falta valor, pero luego todo resultará más fácil.
• Busca amigos que piensen como tú. Si tus actuales compañeros te empujan sin cesar a situaciones que no deseas, tal vez sea el momento de romper con esa amistad.

TÚ, como individuo

Resulta sorprendente cuántas personas quieren ser igual que otras. En una simple charla con tus amigos, te descubrirás copiando sus gestos y modo de hablar, incluso sus frases, para indicar que deseas su aprobación. Incluso podrías llegar a mostrar tu aprobación por todo lo que dicen. Escúchate y detente si observas que ocurre eso.

Los grupos ejercen a veces gran influencia. Los miembros se amoldan para aumentar la sensación de ser «colegas» y reforzar las acciones del grupo. Experimentos llevados a cabo por psicólogos, demuestran que las personas dicen cosas en las que no creen para evitar destacar y amoldarse a cualquier precio.

¡Sé fuerte! ¡Desarrolla tu propia filosofía y estilo personal, y disfrútalo!

¡Socorro!

ALCOHOL

Los adolescentes están hoy sometidos a mucha presión para beber alcohol. Mires donde mires, verás a personas bebiendo. Las estanterías de los supermercado se llenan de todo tipo de bebidas. Y los mensajes de los medios repiten que beber está bien.

Más y más lento

Beber alcohol forma una parte tan intrínseca de la sociedad actual que casi nadie se detiene a pensar en ello. Pero, en realidad, el alcohol es una droga muy peligrosa. Afecta al cerebro, cambiando el modo en que piensas y te comportas. En dosis bajas, el alcohol tiene un efecto relajante inmediato, reduce la tensión y frena el proceso del pensamiento. Lo que de verdad hace es bloquear el sistema nervioso central en varias partes del cuerpo, en el cerebro y a lo largo de la columna vertebral.

También disminuye los reflejos, por lo que la capacidad para reaccionar ante algo es mucho más lenta. Después de un rato, se pierde la capacidad de coordinar. Es fácil «engancharse» al alcohol, y si bebes un joven es muy vulnerablel, ya que su cuerpo no está desarrollado del todo.

CONSECUENCIAS

El alcohol es la principal causa de la delincuencia. De hecho, el 50% de todos los crímenes cometidos por jóvenes está relacionado con el alcohol. Es también la principal causa de muchos accidentes, cada año medio millón entre estudiantes estadounidenses, miles de los cuales acaban en muerte.

Adolescentes y alcohol

Aunque beber siendo menor es ilegal, un número cada vez mayor de adolescentes tiene acceso a la bebida.

Pérdida del control

Si has estado bebiendo, tienes más posibilidades que los amigos que no hayan bebido de meterte en una pelea, tener un accidente o practicar sexo sin protección.

Pérdida de memoria

Beber alcohol de forma regular afecta a tu rendimiento escolar y deportivo. También pone en peligro al cerebro, que está en pleno desarrollo. Beber mucho siendo menor de 20 años puede provocar daños cerebrales permanentes.

Pérdida de salud

El alcohol engorda y puede provocar daños irreversibles en el hígado, que se ve obligado a purificar una sobrecarga de toxinas antes de alcanzar su tamaño adulto.

- 24 -

¡Socorro!

BORRACHERAS

Una de las formas de beber más peligrosas es «ir de borrachera». Esto ocurre cuando consumes grandes cantidades de alcohol en una sola sesión, con frecuencia combinando distintas bebidas. Este tipo de ingesta puede provocar un colapso o incluso la muerte. Los bebedores jóvenes e inexpertos corren riesgos añadidos, ya que sus cuerpos reaccionan de forma violenta a las toxinas que ingieren. Cuando alguien ha bebido cantidades peligrosas de alcohol, puede quedar inconsciente. En ese momento está en peligro grave y precisa ayuda inmediata.

¡Cuida el hígado!

El hígado es el órgano más grande y es capaz de cuidar de sí mismo. Aunque puede repararse, sólo si bebes una pequeña cantidad de alcohol, si bebes mucho (cinco o seis copas al día en el caso de los hombres, o una o dos en el caso de las mujeres, cuyos cuerpos no absorben el alcohol de la misma manera), las células de este órgano comienzan a morir; así de simple. La enfermedad se llama cirrosis y, con el tiempo, te mata.

hígado normal

hígado con cirrosis

Pide ayuda

¿Cuál es la VERDADERA historia del alcohol? Es una droga, ¡igual que la nicotina! TODAS las drogas alteran las sustancias químicas que tenemos en el cerebro de forma natural, y cuando este empieza a cambiar, surge el problema debido a que esas sustancias químicas controlan nuestros sentimientos. Y nuestra conducta. Si tú (o alguien que conozcas) tienes un problema con el alcohol, necesitas ayuda profesional urgentemente. No tengas miedo de pedir ayuda, aunque seas menor. Lo importante es que la recibas antes de que el problema empeore.

EMERGENCIA

Si sospechas de que alguien ha bebido una gran cantidad de alcohol:
- Pide ayuda. Probablemente en ese momento a tu alrededor haya alguna persona con más experiencia.
- Si esa persona ha vomitado, túmbalo de lado. Puede correr el peligro de ahogarse en su propio vómito.
- Si la respiración de la persona es irregular, o su tez se vuelve azulada, son signos de que está en une estado muy peligroso; llama a los servicios de emergencia directamente.

Las alternativas

¿Por qué beber? No necesitas volverte vulnerable o perder el control y comportarte como un idiota. No necesitas dañar tus órganos o depender de una droga que provoca problemas a largo plazo. Es fácil encontrar alternativas enrolladas a beber en casa o cuando sales con amigos.

Ponche de Ginger Ale
3 litros de jugo de uva
1,5 litros de jugo de manzana
1 litro de agua
azúcar al gusto
3 botellas de Ginger Ale

Mezcla los ingredientes, pero no el Ginger Ale, hasta que se disuelva el azúcar. Decora con trozos de frutas.

¡Socorro!

TABACO

Muchos jóvenes que empiezan a fumar creen lo que piensa todo el mundo: que pueden dejarlo cuando quieran. Pero entonces descubren lo difícil que es. Uno de cada dos jóvenes que empieza a fumar por casualidad, se convierte en adicto. La nicotina es más adictiva que la heroína, la cocaína y el alcohol.

¡Solo una calada!

Hasta el 90% de los fumadores se inicia en la adolescencia. La adicción puede empezar tras fumar unos cuantos cigarrillos, apenas unos días después de convertirte en fumador «ocasional».

La dura realidad

Fumar hace que tosas y te sientas mal. Hace que tu aliento y tu ropa huelan fatal, y te cuesta una fortuna. También provoca enfermedades terribles. Una vez que empiezas a fumar, es muy difícil dejarlo. El tabaco contiene una sustancia llamada nicotina, muy adictiva. La nicotina afecta al cerebro, creando una sensación de placer a corto plazo. Pero cuando el efecto se desvanece, el cuerpo quiere otra «dosis». Normalmente la gente empieza a necesitar más nicotina después de haber fumado dos o tres veces.

La ley

La mayoría de los países tienen leyes estrictas con respecto a la edad a la que está permitido que los jóvenes compren tabaco. Hay también muchas regulaciones sobre los lugares donde no se permite fumar. Hay buenos motivos para estas leyes. Fumar es un hábito peligroso, no solo para los fumadores sino también para las personas que están a su alrededor y tienen que respirar el humo tóxico.

Dejarlo

No es fácil dejar de fumar: lo mejor es no empezar. Pero puede hacerse, y, cuanto antes lo dejes, mejor. Algunos estudios médicos han demostrado que si logras dejar de fumar en la fase inicial, a las pocas semanas tus pulmones volverán a estar normales y te sentirás bien.

FUERA PUBLICIDAD

Durante más de un siglo, los fabricantes de cigarrillos anunciaron sus marcas en televisión y vallas publicitarias como sinónimo de aventura y emoción.

Pero en la actualidad, muchos gobiernos han aprobado leyes para impedir esto: los fabricantes de cigarrillos ya no pueden patrocinar las carreras de coches, el fútbol ni nada parecido. En estos países, fumar ha descendido hasta en un 16%, pero todavía hay muchos países donde los gobiernos permiten la publicidad debido a que las compañías tabaqueras son ricas y generan mucho empleo. Con frecuencia estos gobiernos suben los impuestos del tabaco e ignoran las graves consecuencias sanitarias.

¡Socorro!

Cannabis (marihuana)

El cannabis es una sustancia natural, que procede de la planta Cannabis Sativa. Se vende en forma de resina como una pastilla sólida y oscura, en forma de hojas, tallos y semillas llamados «hierba», o incluso en forma de aceite, más potente. Suele mezclarse junto con tabaco y fumarse. Las hojas del cannabis se llaman marihuana.

En casi todas las partes del mundo, el consumo de cannabis va en contra de la ley, y en algunos países las penas para los consumidores son muy duras, (en EE. UU., si te descubren fumando cannabis puedes ir a la cárcel). Pero, a pesar de que es ilegal, la mayoría de los adolescentes se topará con el cannabis tarde o temprano.

¿Una droga inofensiva?

Muchas personas que fuman cannabis, defienden que es totalmente inofensivo. Pero, ¿es esto cierto? Antes de que te plantees dar la primera calada, echa un vistazo.

- El cannabis se mezcla con tabaco, por eso las personas que fuman cannabis se dañan los pulmones y se enfrentan al riesgo de desarrollar cáncer de pulmón.
- Profesionales médicos han establecido una relación entre fumar cannabis y el desarrollo de esquizofrenia, una enfermedad mental grave. También se ha demostrado que el cannabis puede provocar depresión.
- El consumo de cannabis interfiere en tu margen de atención y tu comprensión de lo que ocurre a tu alrededor. En el caso de algunos grandes consumidores, estos daños mentales se prolongan años después de haber dejado de fumarlo.
- Fumar cannabis te resta energía. Puede afectar seriamente a tu rendimiento académico y en el ámbito deportivo.
- El consumo regular de cannabis afecta a las relaciones. Te aleja de tus amigos y puede provocar un sinfín de problemas en casa.

Es fácil encontrar cannabis, pero las penas por su consumo y los daños que causa en tu salud pueden ser graves.

Dejar el cannabis (marihuana)

Por suerte, a menos que seas un gran consumidor, el cannabis no es una droga difícil de dejar. Después de unos cuantos días sin cannabis, podrás pensar con más claridad, en un par de semanas habrás recuperado toda tu energía.

AFRONTA LAS CONSECUENCIAS

Un gran inconveniente de implicarse con la marihuana es que puedes acabar teniendo problemas con la ley. Incluso en el Reino Unido, un país con leyes relativamente suaves con respecto al cannabis, lo normal es que te arresten si eres menor de 17 años y te descubren fumando cannabis, una droga de clase C. Si te sorprenden fumándolo en el colegio te expulsarán durante un largo período o incluso de forma permanente. Los vendedores de cannabis —incluso los muy jóvenes— son tratados con mucha más dureza. Un adolescente que posea o consuma cannabis en público, será arrestado. Pero si te cogen vendiendo la droga, te enfrentas a varios años de internamiento en un centro de menores.

¡Socorro!
Las DROGAS

Hay muchas drogas distintas, y lo más probable es que, durante tu adolescencia, te ofrezcan algunas. A veces tienes amigos que han probado ciertas drogas y afirman que no es para tanto, pero no te dejes engañar. Tomar drogas es peligrosísimo: podrías tener mala suerte y acabar muerto sólo con la primera dosis.

Sorpresas desagradables

Como las drogas son ilegales, son fabricadas por personas que no tienen que seguir ninguna regla. Esto significa que su contenido varía mucho. Una droga que se vende hoy en la calle, puede tener un efecto totalmente diferente de una droga con el mismo nombre vendida al día siguiente. Algunas drogas son a veces mucho más fuertes de lo normal, en ocasiones lo bastante para matar a un novato inexperto, o estar mezcladas con otras sustancias.

Los traficantes de droga son personas sin escrúpulos, y con frecuencia añaden ingredientes baratos para obtener más beneficios. A veces mezclan heroína con detergente, gravilla o polvos de talco, muy peligrosos cuando se inyectan o se inhalan.

PELIGROS DE LA PRIMERA VEZ

Quienes prueban una droga por primera vez, solo para ver cómo es, corren gran riesgo debido a que sus cuerpos no están acostumbrados a los efectos. Hay casos aterradores de adolescentes que han sufrido ataques al corazón, han perdido el conocimiento o han experimentado ataques de asma. Los consumidores de droga jóvenes corren un riesgo especial, ya que la droga tiene un efecto más potente sobre ellos que sobre alguien de constitución más desarrollada.

La cocaína y el *crack* son estimulantes potentes con efectos muy breves. La cocaína es muy adictiva por cómo afecta al cerebro. Las dosis altas elevan la temperatura corporal, provocan convulsiones, dificultades respiratorias… y la muerte.

El éxtasis se vende en la calle en forma de pastillas. Tarda en hacer efecto —hasta 60 minutos—, por lo que los consumidores impacientes a veces se toman una peligrosa segunda dosis. Puede producir la muerte, ya que provoca un súbito aumento de la temperatura corporal y deshidratación.

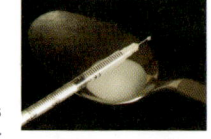

La heroína es una droga analgésica fuerte elaborada a partir de las cabezas verdes de la adormidera. La necesidad es mayor a medida que se acostumbra a ella, pero el cuerpo empieza a rechazarla con el tiempo y es entonces cuando se dan las sobredosis.

La metanfetamina cristal es una droga del grupo de las anfetaminas, que actúa sobre el cerebro y el sistema nervioso. Fumar el hielo, o cristal, puro proporciona un subidón de hasta 12 horas, pero es terriblemente adictiva.

¡Socorro!

CONSEGUIR AYUDA

Si eres adicto a algún tipo de droga, necesitas ayuda ya. Hay diversas organizaciones que te ofrecen apoyo, cuentan con profesionales que te ayudarán a dejar el hábito. Además, respetarán tu deseo de permanecer anónimo, si así lo quieres.

Drogas «de Violación»

Se trata de drogas que a veces se usan para hacer más fácil una agresión sexual, o, lo que es lo mismo, cualquier forma de actividad sexual no consentida. Debido a los efectos de estas drogas, las víctimas se sienten físicamente indefensas, incapaces de resistirse y no pueden recordar lo ocurrido. Las drogas no tienen color, olor ni sabor, y suelen añadirse a la bebida de la víctima sin el consentimiento de esta.

Hay al menos tres drogas de violación: GHB, Rohypnol y Ketamina.

PROTÉGETE

No aceptes bebidas de otras personas.
Abre tú misma los recipientes.
No te separes de la bebida, ni siquiera cuando vayas al baño.
No compartas bebidas.
No bebas de poncheras u otros recipientes grandes y abiertos; a veces contienen drogas.
No bebas nada que sepa o huela raro. A veces, el GHB sabe salado.
Acude a la policía o a un hospital de inmediato.
No orines antes de pedir ayuda. Hazte un análisis de orina lo antes posible. Las drogas abandonan el sistema rápidamente.

Disolventes

Los disolventes son sustancias, como productos de limpieza utilizados en el hogar, que contienen petróleo y otros agentes químicos. Cuando se aspiran por la nariz, producen el mismo efecto que el alcohol. Aunque no es adictivo ni tampoco ilegal, aunque es tan poco recomendable como consumir cualquier otra droga. Estás inhalando todo tipo de sustancias químicas, que te harán sentir enfermo o perder la consciencia, en el mejor de los casos; y dañarte la garganta, el hígado, los riñones, el cerebro y el corazón (o incluso matarte), en el peor. El *popper* es una sustancia líquida llamada nitrato de amilo. Proporciona subidones a corto plazo; puede abrasarte la piel y, si ingieres este veneno por accidente, también puede matarte.

Enganchado

Uno de los mayores peligros de probar las drogas es que puedes engancharte a ellas. Casi todas ellas son muy adictivas, lo que significa que cuando las pruebas unas cuantas veces, tu cuerpo desarrolla el «deseo» de repetir. En poco tiempo necesitas más y más de droga simplemente para seguir funcionando. Y si dejas de tomarla, experimentas síntomas muy desagradables.

AFRONTA LAS CONSECUENCIAS

Consumir o poseer drogas ilegales es un delito, y la policía está encantada de atrapar a los consumidores de droga. En el Reino Unido, si alguien es sorprendido tomando una droga de Clase A, como heroína, cocaína o éxtasis, es arrestado de inmediato. Va a juicio y suele enfrentarse a multas importantes y a penas de prisión de hasta siete años. En ocasiones el juez decide que el toxicómano entre en un centro de rehabilitación. En estos casos suele reducirse la sentencia penal.

¡Socorro!

Presión SEXUAL

Cuando llegas a la adolescencia, es posible que algunos de tus amigos tengan novio o novia, o tú mismo podrías haber empezado a salir con alguien. Tener un «amigo especial» puede ser fantástico, pero las relaciones son algo muy personal. No todos los adolescentes se sienten preparados para emparejarse con alguien del sexo opuesto, e incluso si lo hacen no es fácil encontrar a la persona adecuada.

Las relaciones adolescentes deberían estar basadas en la confianza dentro de una relación cercana.

Bajo presión

A veces puede parecer que todo te empuja a salir con alguien. Quizá tus amigos te estén presionando, o incluso tratando de prepararte citas. Además, los medios de comunicación, con sus revistas, películas y televisión, están llenos de mensajes sobre el romance adolescente. Pero no tienes que hacer nada que te resulte incómodo. Depende de ti decidir cuándo estás preparado para esa «relación especial».

¿Hasta el final?

Cuando tienes pareja, puedes verte obligado a afrontar un nuevo tipo de presión: ¿hasta dónde deberías llegar en tu relación física e íntima? Es una gran decisión. Sin embargo, por mucho que te importe tu pareja, tal vez sientas que todavía no estás preparado para el sexo.

Sopesar los riesgos

Antes de decidir practicar sexo, debes plantearte algunos factores muy importantes. En primer lugar están los factores físicos, como la posibilidad de quedarte embarazada o de contraer una enfermedad de transmisión sexual (ETS). Pero también hay factores emocionales. Algunos adolescentes deciden no practicar sexo debido a sus valores familiares, creencias religiosas o sus propios principios personales. Otros reconocen que no se sienten preparados, a nivel emocional, para dar este paso importante.

Los adolescentes que deciden iniciar una vida sexual deben tomar precauciones y practicar sexo seguro. Sin un anticonceptivo adecuado, existe una gran probabilidad de que la chica se quede embarazada. Los adolescentes con sexo activo, también corren el riesgo de contraer una ETS. Hay multitud de ETS –SIDA, sífilis, herpes, gonorrea y verrugas genitales–, y muchas de ellas son muy graves.

Sexo seguro

La única manera de practicar sexo seguro es usando preservativo. Los condones reducen las probabilidades de embarazo y proporcionan un escudo vital contra las ETS. No imagines

¡Socorro!

que «tienes suerte» y no te va a ocurrir nada malo. Y no dejes que nadie te presione para practicar sexo sin protección. Trátate a ti y a tu pareja con respeto. Es vital, para el futuro de ambos, que todo salga bien.

Sin presiones

Cuando uno de la pareja no se siente preparado para el sexo, esto repercutirá en la relación. Pero si de verdad la pareja importa, hay que hacer un esfuerzo para comprender los sentimientos del otro. Amar a alguien, significa no obligarle a hacer cosas que no quiere.

Embarazo adolescente

Muchos jóvenes no son conscientes de lo fácil que es para una chica quedarse embarazada. Por suerte, hay muchos lugares donde puedes averiguar más cosas sobre métodos anticonceptivos eficaces. Estos métodos incluyen la píldora «del día después», que se administra en caso de emergencia a la mañana siguiente de haber practicado sexo sin protección. Si te quedas embarazada, es importante que no intentes afrontarlo sola. Habla con tus padres o con algún otro adulto comprensivo. Si prefieres ponerte en contacto con un profesional, hay muchas organizaciones que ofrecen apoyo y consejo.

AFRONTA LAS CONSECUENCIAS

MENORES Y SEXO

Decidir si practicas sexo, no solo es una cuestión personal, hay también asuntos legales en juego. Todos los países tienen leyes contra el sexo con menores. En el Reino Unido, la ley establece que ambos participantes deben tener 16 años o más. Esto es aplicable a heterosexuales, Gais o lesbianas. Antes de alcanzar esta edad, no puedes practicar sexo legalmente con nadie, por muy mayor que sea la otra persona.

RESPONSABILIDADES PATERNAS

En el Reino Unido el precio de criar a un hijo asciende a unas 180 000 libras (suponiendo educación gratuita). El padre de la criatura debe contribuir a estos gastos, pero la gran mayoría de los chicos que son padres adolescentes todavía no ganan nada o casi nada de dinero, o tratan de evitar la manutención.

ABSTINENCIA

Tienes derecho a abstenerte de practicar sexo, o, lo que es lo mismo, decidir que no quieres practicarlo. Tal vez prefieras continuar siendo virgen hasta que te cases, o decidir tu implicación personal con otra persona cuando haya llegado tu momento. No dejes que la presión de los amigos te empuje a hacer algo que no quieres. Todos debemos respetar las decisiones de la otra persona en un asunto tan importante.

Es posible tener una relación íntima sin sexo. Hay muchas salidas para tus emociones compartidas y muchas cosas que hacer para conocer mejor a tu pareja.

¡Socorro!

RIESGO sexual

Acoso sexual

Un número sorprendentemente elevado de adolescentes sufre acoso sexual, que es una conducta sexual impropia. Puede suponer contacto físico como tocar, agarrar o besar a alguien contra su voluntad, comentarios y bromas sexuales, o comunicación no deseada, como llamadas de teléfono, correos electrónicos o mensajes de texto. Esta presión resulta a veces muy amenazante, y no tienes por qué pasar por ello.

Si sufres acoso sexual en el centro escolar, prueba a enfrentarte con quien te acose. Dile claramente que su conducta te hace sentir incómoda y que quieres que deje de hacerlo (tal vez te resulte más sencillo escribir esto en una nota o, incluso, hacer que un amigo o una amiga le diga a esa persona cómo te sientes). Si esto no funciona, cuéntale a tu profesor o a tus padres lo que pasa. Ellos tomarán medidas para poner fin al acoso.

Cierto tipo de acoso es un asunto muy serio. Si sufres «acercamientos» sexuales por parte de un adulto, como un profesor, cuéntalo de inmediato. Este tipo de conducta va contra la ley y quienes incurren en ella no deben trabajar con adolescentes o niños.

VIOLACIÓN

La violación es una de las experiencias más horribles que pueden experimentarse. La definición legal de violación es la de «penetración del pene por la boca, el ano o los genitales femeninos cuando esto ocurre en contra de la voluntad de la otra persona» o, en otras palabras, cuando no da su consentimiento. La definición legal de «consentimiento» es uno de los escollos de la definición de violación, y es motivo de discusión en la mayoría de los casos de violación que llegan al juzgado. Sin embargo, la ley es clara: hay violación si la víctima no consintió y, claro está, no existe discusión sobre si la violación fue llevada a cabo por la fuerza o usando drogas para dejar a la víctima inconsciente.

Por desgracia, la edad es el factor más importante en lo referente a quién corre más riesgo. Las chicas de entre 16 y 19 años son las víctimas más probables; de hecho, tienen cuatro veces más probabilidades que cualquier otro grupo de edad. Pero la probabilidad de que esto ocurra en la calle es baja. Es más probable que la violación la lleve a cabo alguien que conozcas o que te hayan presentado. De cualquier forma, es una experiencia traumática que deja muchas víctimas con daños psicológicos. Se sentirán inseguras caminando hacia su casa de noche, pero también pueden sentirse inseguras en sus relaciones con el sexo opuesto.

En la actualidad, las víctimas de ataques sexuales casi siempre lo denuncian. Es importante hacerlo por tu bien y por el de otras posibles víctimas.

¡Socorro!

VIOLACIÓN DURANTE UNA CITA

Cuando oyes la palabra «violación», probablemente imaginas un ataque por parte de un desconocido. Pero la violación también puede implicar a dos personas que se conocen.

La violación durante una cita suele llevar aparejado el consumo de alcohol y drogas. El violador obliga a su pareja a practicar sexo, y esta suele encontrarse demasiado borracha o aturdida para resistirse. En algunos casos, la persona que comete la violación añade una «droga de violación» a la bebida de la víctima, dejándola indefensa.

Para mantenerte segura, intenta evitar situaciones en solitario con tu pareja, al menos hasta que estés segura de que puedes confiar en él. Permanece sobria y en estado de alerta, y no pierdas de vista tu bebida.

Si te sientes amenazada, no temas pedir ayuda a quienes te rodean. Por último, conviene aprender técnicas de autodefensa. Te ayudarán a cuidarte y sentirte más segura.

Gais y lesbianas

Ciertos adolescentes descubren que tienen sentimientos muy fuertes hacia las personas del mismo sexo. Para algunos, es una etapa transitoria en sus vidas. Muchos adolescentes se enamoran del profesor o de un chico o una chica de más edad, que representa un modelo de la persona que les gustaría ser. En cambio, para otros adolescentes, el tema no se desvanece. Poco a poco reconocen que, simplemente, no sienten lo mismo que sus amigos por el sexo opuesto.

Ciertas personas saben, desde muy pequeños, hacia dónde se orienta su sexualidad. Otras no lo descubren en mucho tiempo. Si crees que te atraen las personas de tu mismo sexo, pero no estás seguro de si eres gay, deja que tus sentimientos te guíen. Algunas personas descubren que les atraen ambos sexos.

Salir del armario

Puedes sentirte preocupado, y solo, cuando por fin te das cuenta de que eres gay. Pero no tienes que afrontar tus preocupaciones en solitario. Hay números de teléfono y sitios web con los que puedes contactar en busca de apoyo y consejo.

¡Socorro!
Aléjate del PELIGRO

Cuando entras en la adolescencia, pasas cada vez más tiempo con tus amigos y menos tiempo en casa con tu familia. Esta nueva libertad puede ser muy emocionante, pero también implica riesgos. Las calles y otros espacios públicos pueden ser lugares peligrosos. Debes tomar medidas para moverte con seguridad, e incluso prepararte para afrontar algunas situaciones difíciles, aunque la seguridad personal es una habilidad vital que puedes aprender.

Muchos adolescentes descubren que aprender autodefensa les ayuda a sentirse más seguros. Saber que tienes las habilidades para cuidar de ti mismo, puede ayudarte a sentirte tranquilo en una situación difícil.

Seguro en la calle

Hay personas peligrosas en las calles. Traficantes de drogas, ladrones, borrachos y bandas peligrosas son posibles amenazas, así que merece la pena adoptar medidas para preservar tu seguridad.

- No salgas solo. Ve siempre con amigos, para cuida unos de otros.
- Si sospechas que hay ladrones, no dejes tus pertenencias a la vista. No exhibas tu nuevo teléfono o tu reproductor de MP3.
- Apártate de las zonas solitarias, sobre todo de noche. Toma siempre la ruta que conozcas mejor y camina por calles concurridas y bien iluminadas.
- No te metas en peleas. Si alguien en la calle trata de iniciar una pelea contigo, aléjate.
- No aceptes que un desconocido te lleve en coche.
- Si estás en una fiesta que acaba tarde, consigue que te lleve a casa algún otro padre, comparte un taxi o quédate a dormir en casa de tu amigo. No vayas andando a casa de noche.
- Mantente en contacto. Usa tu teléfono para decir a tus padres dónde estás. Si ocurre algo, sabrán dónde encontrarte.
- Camina de cara al tráfico, y evita pasar cerca de coches parados con el motor encendido y personas sentadas en su interior.
- Procura llevar las manos libres y no camines con ellas en los bolsillos.
- Si llevas un reproductor de música, no oirás si se te acerca alguien.
- Ten cuidado cuando uses cajeros automáticos. Procura que no haya nadie alrededor y no cuentes el dinero en la calle.
- Si crees que te siguen, confía en tus instintos y muévete. Cruza la calle con confianza y mira para ver quién viene detrás. Dirígete hacia una zona donde haya gente y diles lo que ocurre, o llama a la policía.

¡Socorro!

Racismo

Muchos adolescentes sufren racismo, en la calle y en el colegio. Los racistas se ríen de las personas de otras razas y creencias religiosas. Les insultan y les amenazan. En los casos más graves las víctimas son golpeadas o incluso asesinadas.

Resulta difícil comprender el racismo. Algunas personas creen que es un instinto básico congénito y no algo que hayamos aprendido. Dicen que somos instintivamente animales y que reaccionamos contra cualquier miembro de la especie humana que no se corresponda con nuestra imagen. Esto se denomina xenofobia, o temor a las personas diferentes. De nuevo, algunos afirman que todos necesitamos sentirnos superiores o más fuertes, pero esto suele ser a costa de alguien.

El racismo siempre está mal. También va contra la ley en casi todos los países.

CONSECUENCIAS
Discriminar a alguien por «motivos raciales» significa no aceptar su raza, color, o su nacionalidad, o sus orígenes étnicos o nacionales.

Sectas

A veces los jóvenes se involucran en bandas y sectas porque buscan un lugar donde encajar. Esto es precisamente lo que prometen las sectas, pero la realidad es que atraen a los jóvenes con engaños para adquirir poder y dinero. Las sectas ocultan sus intenciones tras una máscara religiosa, presentando el ser miembro de las mismas como un deber moral y la obediencia de sus reglas como un deber religioso.

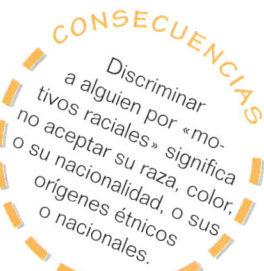

PELIGRO EN EL CHAT

Hoy no solo hay que tener cuidado en la calle. Muchos adolescentes acceden a chats para compartir ideas y sentimientos con otros adolescentes. Pero hay que ser precavido: ha habido varios casos de pedófilos que fingían ser adolescentes en chats. Estos turbios personajes se hacen amigos de jóvenes a través de Internet, y luego quedan con ellos para practicar sexo. Si entras en un Chat, procura seguir estas pautas para navegar seguro.

• No facilites detalles personales, fotografías o cualquier otra información que pudiera identificarte, como datos sobre tu familia, dónde vives o el centro escolar al que vas.

• No quedes con nadie que solo hayas conocido a través de Internet sin decírselo a tus padres: obtén su permiso y vete acompañado de un adulto responsable.

• No abras archivos, ni descargues datos a menos que conozcas y confíes en quien te los ha enviado.

• No respondas directamente a nada que te resulte preocupante: guárdalo o imprímelo. Desconéctate y cuéntaselo a un adulto.

¡Socorro!

Problemas con la LEY

Los años de adolescencia son una época para poner a prueba las normas: en casa, en el colegio y en la sociedad. Rebasar los límites en casa y en el colegio puede ocasionarte muchos problemas, pero al menos sólo tendrás que enfrentarte a tus padres y profesores. Pero si infringes las normas de la sociedad, tendrás problemas con la policía y en los juzgados. Además, tendrás que hacer frente a castigos muy severos.

Quebrantar la ley

Cada vez más adolescentes tienen problemas con la ley. La diversidad de crímenes cometidos por los jóvenes es muy variada, pero todos ellos tienen una cosa en común: un efecto negativo en las vidas de las personas.

Molestias públicas

Grupos de adolescentes ruidosos o violentos provocan molestias y perjuicios públicos.

Daños contra la propiedad

Los grafiteros que estropean la propiedad pública y privada, pueden enfrentarse a acusaciones criminales.

Delitos al volante

Con frecuencia, los adolescentes de más edad se meten en problemas por delitos cometidos al volante. Estos pueden variar, desde conducir sin carné (o licencia) hasta hacerlo a toda velocidad o de forma peligrosa, e incluso provocar accidentes mortales.

Posesión de drogas

Otros jóvenes se enfrentan a acusaciones por consumo o posesión de drogas.

Robo

El robo es un delito creciente entre los menores de 20 años, son crímenes importantes como asaltos y atracos.

Hurtos

En uno u otro momento, muchos adolescentes se sienten tentados a robar cosas de las tiendas. En un mundo donde tener ropa y objetos adecuados puede parecer muy importante, todas esas cosas exhibidas en las tiendas pueden resultar demasiado tentadoras. Algunos adolescentes no soportan prescindir de las cosas que quieren, y contemplan el robo como una forma de vengarse de la sociedad. Otros se sienten presionados por sus compañeros para robar algo. Pero pocos piensan en las consecuencias de sus actos. A medida que se elevan las tasas de hurtos, los comerciantes han mejorado sus sistemas de vigilancia. Muchos establecimientos contratan personal de seguridad que se mezcla con los clientes, instalan cámaras de seguridad y colocan etiquetas con alarma en todos sus productos. En general, las probabilidades de que te atrapen son muy altas.

¡Socorro!

CONSECUENCIAS

Si te sorprenden robando, puedes escapar con un simple aviso, pero es más probable que acabes en el juzgado. Si te declaran culpable, pagarás una multa elevada e incluso cumplirás algún servicio para la comunidad.

PODER POLICIAL

Si infringes la ley, la víctima relatará a la policía lo ocurrido en un documento legal llamado denuncia. La persona acusada será arrestada y acusada de dicho delito.

El interrogatorio puede prolongarse hasta 72 horas, y es posible que tenga lugar en la comisaría de policía. Si la policía está segura de la culpabilidad de la persona arrestada, la acusarán formalmente. Todo aquel que es arrestado tiene derecho a disponer de un abogado que le defienda.

En el juzgado

Puede pasar algún tiempo antes de que el caso llegue al juzgado. Mientras el juicio está pendiente, el acusado puede permanecer bajo custodia, lo que significa que ingresará en prisión preventiva. También pueden dejarle marchar hasta el juicio, pero casi con total seguridad tendrá que presentarse regularmente en el juzgado.

Los procedimientos judiciales serán menos formales si aún eres menor de edad. En muchos países hay juzgados de menores, y los castigos son menos severos.

Los jóvenes que han quebrantado la ley pueden recibir un castigo por conducta antisocial y ser condenados a realizar trabajos para la comunidad. Se les puede impedir acudir a determinados lugares de ocio o exigírseles vivir bajo un «toque de queda», lo que significa que deben regresar a casa, y permanecer allí, a una hora determinada de la tarde.

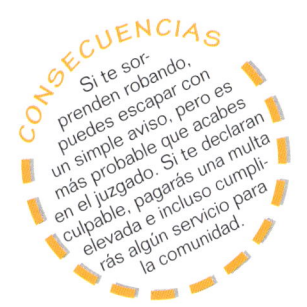

LEY Y DELITO

Aunque ciertas leyes parecen molestas, están ahí para evitarnos el peligro. Sin normas básicas sobre cómo convivir, casi ninguna sociedad podría llevar una vida normal. La mayoría está de acuerdo en que merece la pena respetar las leyes para que la sociedad funcione bien.

La libertad derivada de no temer al delito es un lujo que disfrutan pocas personas de la sociedad moderna. Pero en Rathlin Island, en la costa norte del condado de Antrim, en Irlanda, puedes llevar una vida en un lugar sin delito, por lo que no hay leyes. Aquí, las casas y los coches nunca se cierran y los niños juegan seguros. No es que nunca haya ocurrido ningún delito serio, pero el último asesinato tuvo lugar hace más de 300 años. El delito no existe en Rathlin: no hay asesinatos, ni robos, ¡nadie infringe la ley!

¡Zonas de peligro!

Un estudio de las Naciones Unidas sobre tasas de delito en el mundo ha identificado las zonas y los países más peligrosos para vivir. Son: Australia, Inglaterra y Gales, y Holanda. compartían el siguiente puesto Escocia y EE. UU., seguidas de Canadá.

El más seguro de los 14 países investigados es Japón, seguido de Portugal. Poco más del 1% de los portugueses entrevistados, por ejemplo, había sufrido un atraco, asalto o violación frente al 4% de Australia.

¡Socorro!

Delito y CASTIGO

Si te sorprenden quebrantando la ley, tal vez escapes con un simple aviso, pero en muchos casos la policía te acusará. Quizá tengas que ir a juicio y, si te declaran culpable, tendrás que hacer frente a algún tipo de castigo. Los castigos dependen de la gravedad del delito y de si eres infractor habitual o has tenido ya problemas con la policía.

Servicio comunitario

Con este castigo se exige a un delincuente que lleve a cabo trabajos de forma no remunerada en beneficio de la comunidad. El tribunal puede ordenar entre 80 y 300 horas de servicio comunitario, que deben realizarse cuando indique el juez o supervisor. Las órdenes deben cumplirse en el plazo de un año y en el tiempo libre del infractor.

Para delitos relativamente menores, como pintar grafitis en paredes públicas, un primer paso común es un curso sobre servicio comunitario. El servicio suele ser equivalente al delito, por lo que un grafitero condenado puede tener que trabajar hasta 60 horas como parte del pago del equipo encargado de limpiar paredes. Si se incumple la orden, se puede imponer una multa o añadir más horas. En el peor de los casos, se vuelve a dictar sentencia, que suele ser la cárcel.

El servicio comunitario exige que el infractor devuelva algo.

Paga por tu delito

Las personas declaradas culpables de un delito menor, suelen tener que hacer frente a una multa. Con frecuencia estas multas han de ser pagadas por los padres del adolescente implicado, y esto puede provocar tensiones en el hogar.

¿Culpa de tus padres?

Algunos castigos implican directamente a los padres. Estas instrucciones están diseñadas para ayudarles a reconducir la conducta agresiva de los jóvenes. Los padres pueden verse obligados a acudir a sesiones de terapia psicológica y a ejercicios de control sobre sus hijos. Contravenir la orden es un delito criminal y podría castigarse con hasta cinco años de cárcel.

Bajo tutela

Los jóvenes son puestos «bajo tutela» por un juzgado, si se ha demostrado que necesitan protección o si la conducta del joven causa problemas. Con frecuencia resulta difícil ubicar a adolescentes que ya tienen una mala relación con los adultos. Algunos juzgados utilizan a los abuelos u otros miembros de la familia como cuidadores, en lugar de optar por centros o por desconocidos.

¡Socorro!

En libertad condicional

Cuando un adolescente ha sido condenado por un delito, puede permanecer en libertad condicional durante meses o incluso años. Esto implica la vigilancia de las actividades del delincuente, para garantizar que no infringe de nuevo la ley.

Suelen asistir a cursos de rehabilitación, donde aprenden el impacto de sus actos sobre otras personas y se esfuerzan por cambiar sus patrones o conductas antisociales.

¡Marcado!

Los adolescentes que infringen la ley repetidas veces, pueden ser obligados a respetar un «toque de queda». Esto supone regresar a casa a una hora determinada. No se les permite acudir a reuniones multitudinarias, y es posible que tengan que llevar una pulsera electrónica que registra exactamente dónde se encuentran. Algunos jóvenes delincuentes viven en residencias especiales, en lugar de en su casa, porque se considera que aquí disfrutan de un entorno mejor o más seguro.

Centros de menores

Si un joven es declarado culpable de un delito importante, como robo con violencia, atraco o asesinato, un juez puede dictaminar una pena privativa de libertad. Esto implica enviar al delincuente a algún tipo de centro de menores o juveniles, lejos del resto de la comunidad.

Cada país tiene su propio sistema penitenciario, pero en el Reino Unido hay tres tipos de centros de seguridad para jóvenes.

Los adolescentes de más edad, entre 15 y 21 años, suelen ser enviados a Instituciones para Jóvenes Delincuentes. Forman parte del sistema penitenciario para adultos, pero los jóvenes están apartados de los prisioneros de más edad.

Los adolescentes más jóvenes, sobre todo lo considerados «vulnerables», permanecen en Centros de Seguridad para la Rehabilitación (STC, por sus siglas en inglés). Se ocupan de jóvenes hasta los 17 años. Disponen de mucho personal (un mínimo de tres trabajadores por cada ocho delincuentes) y se centran principalmente en la educación y la rehabilitación.

Por último, los pequeños, de entre 11 y 16 años permanecen en Hogares de Seguridad para Niños. Siguen una línea similar a la de los STC, con gran énfasis en la rehabilitación y en la preparación de los jóvenes para su integración en la comunidad.

AFRONTA LAS CONSECUENCIAS

ANTECEDENTES PENALES

Toda persona declarada culpable de un delito, tiene antecedentes criminales. Se trata de un informe que se conserva en los archivos de la policía. Algunos informes se guardan para siempre, pero los antecedentes de delitos menores, como los relativos a de daños, normalmente desaparecen después de unos años. Casi todos los empresarios consultan a la policía sobre los candidatos a un puesto en su compañía, antes de contratarlos. Así pues, tener antecedentes criminales puede suponer un gran impacto en las posibilidades de encontrar trabajo.

¡Socorro!

Salud MENTAL

Es totalmente normal que los adolescentes experimenten cambios de humor extraordinarios, que incluyen períodos de enfado o depresión. Pero a veces estos cambios de humor pueden ser demasiado para afrontarlos en solitario. Si estás experimentando sensaciones fuertes de tristeza, depresión o ira, necesitas tener apoyo.

Más que «depre»

Todo el mundo tiene momentos en que se siente triste o deprimido, pero normalmente estos sentimientos se pasan enseguida, dejándote libre para disfrutar de nuevo de la vida. Sin embargo, parece que algunas personas no son capaces de librarse de estos sentimientos de tristeza y depresión, incluso cuando todo les va bien en sus vidas.

Si sospechas que la forma en que te sientes es más que temporal, responde a las siguientes preguntas:
- ¿Te sientes triste siempre o gran parte del tiempo sin motivo aparente?
- ¿Estás siempre cansado e te sientes incapaz de disfrutar de las cosas que solían gustarte?
- ¿Tienes sentimientos fuertes de ira, culpa o ansiedad?
- ¿Tu peso ha experimentado un cambio significativo (has engordado o adelgazado mucho)?
- ¿Duermes mucho más o mucho menos de lo habitual?
- ¿Te sientes aislado de los amigos y la familia?
- ¿Te resulta difícil concentrarte en las tareas escolares?
- ¿Tienes dolores, aunque estés físicamente bien?
- ¿Tienes pensamientos de muerte o suicidio?

¡No estás solo!

Si has respondido «sí» a cinco o más preguntas, es posible que padezcas depresión clínica. Se trata de una enfermedad muy común que afecta a una de cada 10 personas durante la adolescencia. No esperes a que tu depresión mejore, y no presupongas que puedes afrontarla solo. Necesitarás ayuda profesional. Habla con tus padres o con el médico.

CUANDO LAS COSAS VAN MAL

SOS: suicidio

A algunos adolescentes, el futuro les parece muy sombrío. Creen que sus problemas son tan abrumadores que quitarse la vida es la única opción. Pero decidir suicidarse es demasiado rotundo. Con la ayuda adecuada, es posible encontrar solución a los problemas. Muchos adolescentes que logran sobrevivir a un suicidio, tratan de mirar atrás y comprenden que casi cometen casi un trágico error.

¡Socorro!

NO ES SOLO COSA DE HORMONAS...

La adolescencia es una época objeto de muchas investigaciones. Después de todo, es un momento en que los jóvenes demuestran un increíble aumento de su capacidad para resolver problemas, habilidades de razonamiento y para afrontar muchas clases de tensiones y desafíos. Pero también juegan con la muerte y la discapacidad, contemplan el suicidio, conocen el homicidio, la agresión y la violencia, acceden al alcohol y las drogas, a los trastornos emocionales, y a conductas sexuales arriesgadas. Parece que necesitan emociones y excitación por medio del sexo, las drogas, la música atronadora u otras experiencias estimulantes. Buscan la aventura, el riesgo, la novedad y la emoción. ¿Es solo cosa de hormonas descontroladas?

Parece que no. De hecho, los efectos directos de las hormonas sobre la conducta son relativamente escasos. Se trata más de la interacción de dichos niveles elevados de hormonas con un importante desarrollo del cerebro, cambios físicos y cambios emocionales: todo a la vez. Además de las hormonas que controlan el sexo, la altura, la forma y el desarrollo cerebral, hay otras: el cortisol, una importante hormona del estrés, y la oxitocina, una hormona que se ha asociado con la atracción para formar pareja y la conducta paternal en animales. Los científicos están empezando a comprender cómo una hormona concreta, liberada en el torrente sanguíneo durante la pubertad, tiene efecto sobre un grupo de neuronas cerebrales.

El desequilibrio de la inmadurez

Para comprender cómo los adolescentes pasan de ser personas fuertes e inteligentes a actuar como niños de dos años en un momento, los científicos estudian los cambios en todo el mundo que indiquen que los niños de casi cualquier parte están creciendo y madurando más deprisa que nunca antes en la historia de la humanidad. Pero aunque algunas fases de la pubertad son rápidas, otras ocurren poco a poco y continúan mucho después de esta. ¡Las cosas pueden alterarse mucho!

Autolesiones

Un reducido grupo de adolescentes, responde a las tensiones de su vida haciéndose daño a sí mismos. Algunos se cortan la piel con cuchillas o se queman con cigarrillos. Cortarse, o cualquier otra forma de autolesión, es a veces una forma de liberar tensiones y sentir el control; a veces, una forma de expresar la ira. Pero, sean cuales sean los motivos que hay detrás de las autolesiones, no es un modo sano ni eficaz de afrontar los problemas. Si te autolesionas, necesitas ayuda. Será duro reconocer lo que te has estado haciendo, pero hablar de ello supone un paso muy importante para dejar el hábito. Busca a alguien comprensivo con quien puedas hablar.

Luz al final del túnel

La adolescencia es la difícil transición entre la niñez y la edad adulta, y el proceso de preparación para ser adulto es complicado y prolongado.

Pero acaba pasando, y en muchos jóvenes surgen intereses hasta ahora desconocidos por lograr grandes cosas: una pasión por las ideas e ideales, por la belleza, la música o el arte. Unos desarrollan una pasión por tener éxito en un deporte o en los negocios, o simplemente por hacer del mundo un lugar mejor solucionando asuntos globales de gran importancia.

¡Socorro!
Buscando AYUDA

Sean cuales sean los problemas que te preocupan, siempre hay alguien que puede ayudarte. Con frecuencia, la mejor solución es hablar con un adulto en quien confíes. Cuando se lo hayas contado, te ayudará a solucionar las cosas por ti mismo o tomará medidas para cambiar la situación. A veces, compartir un problema con un amigo comprensivo marca la diferencia sobre cómo te sientes al respecto. Otras veces, pensarás que necesitas el consejo de un profesional. Pero, elijas a quien elijas para compartir tu problema, recuerda que no tienes que afrontarlo en solitario.

Los amigos están ahí para hablar y normalmente les resulta fácil comprender.

Un oído en la distancia

En algunas situaciones, tal vez no quieras compartir tu problema con nadie cercano. En cambio, quizá prefieras hablar con un desconocido: en confianza, y sabiendo que digas lo que digas no se enterará nadie que tú conozcas. Muchas organizaciones tienen números de teléfono, a los que puedes llamar para hablar con profesionales, que te ofrecerán consejos expertos sin pedirte ningún detalle personal. Organizaciones como estas existen en casi todos los países, pero con la ayuda de Internet puedes obtener asistencia desde cualquier sitio.

Llama a un amigo

En el Reino Unido, la organización de este tipo más conocida es ChildLine. Se trata de un teléfono gratuito para jóvenes ingleses. Ofrece ayuda, sin importar la edad que tengas: el 60% de las llamadas son de jóvenes de 12-15 años, el 22% son de niños de 5-11 años y el 18% corresponde a jóvenes de 16-18 años. Es triste, pero cada día más de 4 500 niños británicos llaman a ChildLine.

Los principales problemas son: acoso (23% de las llamadas), problemas familiares (12%), abuso físico (9%), preocupación por otros (7%), sucesos de la vida (7%) y abuso sexual (6%). ChildLine también envía cartas a más de 40 niños cada semana, por lo que si a alguien le resulta difícil hablar sobre ciertas cosas, también puede obtener ayuda.

¡www, ayuda!

Algunas páginas web tienen profesionales que responden a las preguntas enviadas por adolescentes, puedes enviar un mensaje o leer las preguntas que han enviado otros adolescentes. Tal vez te sorprendas al ver cuántos comparten tus preocupaciones.

ENDORFINAS

¡Reírse es buenísimo! Te da una sensación de placer y, cuando empiezas, quieres reírte más y más. Los seres humanos buscamos el placer por naturaleza: practicamos cosas que nos hacen sentir bien y que producen efectos positivos en el cuerpo, usando las sustancias químicas del cerebro. Estas se llaman endorfinas (una combinación de endógenos, que se originan en el interior del cuerpo, y morfina, el potente fármaco analgésico). Las endorfinas regulan el dolor (y la felicidad) corporal, y pueden estimularse mediante el ejercicio… y la risa. Así pues, ¡mantén activas tus endorfinas!

¡Socorro!

La terapia psicológica saca a la luz aquellas personas que tienen los mismos sentimientos que tú.

Terapia psicológica y talleres

Hablar de tus problemas supone un gran alivio. Puede ayudarte a aclarar los pensamientos y encaminarte hacia posibles soluciones. A veces basta con hablar con un adulto o un compañero, pero otras veces es posible que desees comentar tus problemas con un orientador o un terapeuta. Estas personas cuentan con años de experiencia y suelen estar especializadas en problemas relacionados con los jóvenes, como los conflictos familiares, el acoso o la adicción a las drogas.

En ocasiones, los terapeutas dirigen talleres o grupos de terapia donde puedes trabajar con otras personas que se enfrentan a los mismos problemas. Algunos de estos talleres tienen como objetivo modificar los patrones de conducta destructiva, como la ira inadecuada. Para averiguar más sobre los distintos tipos de terapias existentes en tu zona, pregunta al orientador escolar o a tu médico.

¡AYÚDATE!

Si te sientes bajo presión, o simplemente de mal humor, he aquí algunas cosas positivas que puedes hacer para sentirte mejor. Estas sencillas técnicas harán que te tranquilices y tomes las riendas de la situación.

• Escucha música relajante. Se ha demostrado que la música tiene un gran efecto sobre nuestro estado de ánimo.
• Haz algo de ejercicio (corre, baila, monta en bici: lo que más te guste). El ejercicio regular hace que tu cuerpo produzca más endorfinas, las sustancias que controlan el estrés y mejoran el estado de ánimo.
• Sé creativo. Anota tus pensamientos, haz un dibujo o toca un instrumento. No importa cuál sea el resultado: todas son formas fantásticas de expresarte y liberar tensiones. Descubrirás que ser creativo te ayuda a aclarar los pensamientos y sentimientos.
• Cuídate. Duerme bien y toma comidas regulares. Estar cansado, hambriento o muy lleno contribuirá a tus sentimientos negativos.
• Busca a alguien con quien hablar, aunque solo sea tu mascota.

¡Busca ayuda!

Hay muchas organizaciones especializadas en ofrecer ayuda a adolescentes. Unas tratan una gran variedad de temas adolescentes, mientras que otras se especializan en un problema específico como el alcohol o los problemas con la ley.

¡Socorro!

Índice alfabético

ABSTINENCIA 31
Decisión de no practicar ningún tipo de acto sexual.

ABUSO 14, 15, 42
Cualquier forma de trato que perjudique a alguien, generalmente a alguien más joven y más débil que el abusador. Puede ser material, físico o sexual.

ACOSO 6, 18, 19, 21, 32, 42, 43
Intimidación continuada de otras personas por medio de la imposición, real o con amenazas, de abuso físico, verbal, escrito, transmitido por vía electrónica o emocional, o por medio de ataques.

ACOSO SEXUAL 32
Conducta sexual inoportuna. Puede incluir contacto sexual, comentarios y bromas sexuales.

ADICCIÓN 15, 26, 43
Hábito por el que te vuelves dependiente de una sustancia que, probablemente provocará un efecto perjudicial.

ADOLESCENCIA 6, 8, 22, 26, 28, 30, 34, 36, 40, 41
Época comprendida entre la niñez y la edad adulta; un tiempo de cambios físicos y emocionales.

ALCOHOL 5, 6, 14, 21, 24, 25, 26, 29, 33, 41, 43
Molécula diminuta que puede penetrar en el torrente sanguíneo con facilidad. Resta eficacia al sistema nervioso central.

ANFETAMINA 28
Droga estimulante que incrementa la actividad de determinadas sustancias del cerebro.

ANTECEDENTES PENALES 39
Toda persona declarada culpable de un delito tiene antecedentes penales que la policía conserva en sus archivos.

ANTICONCEPTIVO 30, 31
Forma de impedir la concepción. Los condones son anticonceptivos.

ANTIDEPRESIVO 16
Fármaco utilizado para tratar la depresión.

ASALTO 36, 37
Delito de violencia contra otra persona.

ASESINATO 37, 39
Matar intencionadamente a otra persona.

ASMA 28
Trastorno respiratorio que ocurre cuando los bronquiolos se estrechan.

ATAQUE AL CORAZÓN 28
Bloqueo total del flujo sanguíneo hacia una arteria cardíaca, que provoca la muerte del músculo cardíaco.

ATRACO 36, 37, 39
Asaltar a otra persona con la intención de robarla.

AUTOLESIONES 16, 41
Lesionarse uno mismo, como hacerse cortes con cuchillas.

CANNABIS 27
Sustancia natural que se vende en forma de pastilla sólida, llamada "resina", en forma de hojas, tallos y semillas llamadas "hierba", o también, en forma de aceite untuoso.

CHAT 35
Sitio de Internet donde varios usuarios pueden comunicarse en tiempo real.

CIRROSIS 25
Enfermedad de las células del hígado provocada por una ingesta excesiva de alcohol.

COCAÍNA 26, 28, 29
Droga estimulante derivada de la planta de coca, que acelera la actividad de determinadas sustancias del cerebro.

CONDENADO 19, 38, 39
Una persona es declarada culpable de un delito por un juez.

CONDÓN 30
Funda de caucho o látex finísimo que se coloca por encima del pene masculino cuando está erecto.

CONTROL DE LA IRA 9, 20
La forma de tranquilizarte cuando estás enfadado por medio de ejercicios mentales o físicos.

CORTISOL 41
Hormona que combate los efectos del estrés en el cuerpo.

CRACK 28
Forma de cocaína que se puede fumar.

CUSTODIA 10, 37
Derecho o responsabilidad del cuidado y control de un niño. "Bajo custodia", también significa estar detenido por un delito.

DELITO 5, 19, 29, 36, 37, 38, 39
Acto que viola una ley.

DELITO ANTISOCIAL 19
Acto que carece de respeto y consideración hacia los otros.

¡Socorro!

DELITO AL VOLANTE 36
Puede variar desde conducir sin carné (o licencia) hasta conducir de forma peligrosa o a gran velocidad, o incluso provocar accidentes mortales.

DEPRESIÓN 16, 27, 40
Trastorno mental que puede causar tristeza e indefensión en los pacientes.

DEPRESIÓN CLÍNICA 40
Estado de depresión tan grave que exige ser tratado por un médico.

DESHIDRATACIÓN 28
Resultado de la pérdida excesiva de agua en el cuerpo. La diarrea y el vómito severos pueden causar deshidratación.

DISCAPACIDAD 41
Incapacidad física o mental.

DISOLVENTE 29
Sustancia, principalmente productos de limpieza utilizados en el hogar, que contiene petróleo y otros elementos químicos.

DIVORCIO 10, 13
Acto legal de poner fin a un matrimonio.

DROGA 5, 6, 14, 16, 21, 22, 24, 25, 27, 28, 29, 32, 33, 34, 36, 41, 43
Sustancia que puede utilizarse para modificar un proceso químico del cuerpo.

EMBARAZO 30, 31
Tiempo transcurrido antes de que nazca un bebé, que dura unos nueve meses.

ENDORFINA 42, 43
Hormona fabricada en el cerebro que, es liberada en el cuerpo para aliviar el dolor y hacer que la persona se sienta feliz.

ENFERMEDAD 21, 25, 26, 27, 30, 40
Dolencia en alguna parte del cuerpo o la mente.

ESQUIZOFRENIA 27
Enfermedad mental en la que una persona tiene el pensamiento distorsionado, con alucinaciones y capacidad reducida para sentir emociones normales.

ESTIMULANTE 28
Sustancia o droga que incrementa temporalmente la función de un órgano o parte del cuerpo.

ESTRÉS 16, 41, 43
Tensión en el cuerpo y la mente, que puede causar enfermedades.

ETS 30, 31
Enfermedades de transmisión sexual, que puedes contraer practicando sexo. Pueden afectar tanto a hombres como a mujeres.

ÉXTASIS 29
Droga sintética que actúa simultáneamente como estimulante y como alucinógeno.

GAY 31, 33
Ser gay es sentirse atraído por una persona del mismo sexo.

GHB (ácido gamma-hidroxibutírico) 29
El GHB es una droga "de violación" líquida que se bebe, pero como es imposible saber lo fuerte que es la mezcla, puede provocar desde un simple dolor de cabeza hasta la pérdida de consciencia.

GONORREA 30
ETS que provoca dolor al orinar y secreciones espesas y amarillentas.

GRAFITI 38
Palabras o dibujos pintados, generalmente con pintura en aerosol, en lugares públicos, como paredes y muros.

HEROÍNA 26, 28, 29
Droga elaborada a partir de la adormidera o amapola del opio.

HERPES 30
Infección cutánea que consiste en úlceras provocadas por un virus.

HOMICIDIO 41
Asesinato de una persona por otra.

IR DE BORRACHERA 25
Salir a consumir grandes cantidades de alcohol en una sola sesión, con frecuencia combinando varios tipos de bebidas diferentes.

JUZGADO DE MENORES 37
Juzgado especial que decide casos en que se acusa a un menor de cometer un delito.

KETAMINA (hidrocloruro de ketamina) 29
Droga "de violación" ilegal que puede producir amnesia y desmayos.

LESBIANA 31, 33
Mujer homosexual. Mujer que se siente atraída por otras mujeres.

LIBERTAD CONDICIONAL 39
Vigilar y controlar las actividades de un joven delincuente, después de que haya sido declarado culpable de un delito.

MARIHUANA 27
Otro nombre para el cannabis.

¡Socorro!

METANFETAMINA CRISTAL 28
Droga del grupo de las anfetaminas, que actúa sobre el cerebro y el sistema nervioso. Fumar cristal puro, es tremendamente adictivo.

NEURONA 41
Tipo de célula que recibe y envía mensajes de los órganos y sistemas del cuerpo al cerebro, y de vuelta a su origen.

NICOTINA 25, 26
Droga adictiva que contiene el tabaco.

NITRATO AMÍLICO 29
Sustancia química vendida en botellitas denominadas "poppers". Proporciona un "subidón" a corto plazo. Abrasa la piel y, si ingieres este veneno de forma accidental, puede matarte.

ÓRGANO 25 Parte diferenciada del cuerpo que participa en la realización de una función. El hígado y el corazón son órganos.

ORIENTADOR 16, 21, 43
Alguien que ofrece consejos sobre problemas.

ORINA 29
Fluido amarillento de productos de desecho fabricados por el cuerpo.

OXITOCINA 41
Hormona producida por la glándula pituitaria, que estimula las contracciones del útero durante el parto y la liberación de leche durante la lactancia.

PEDÓFILO 35
Adulto que siente atracción sexual por los niños.

PORNOGRAFÍA 14
Cualquier escrito y/o imagen sexual explícita que pretende excitar a una persona.

PRESIÓN DE LOS COMPAÑEROS 22, 23
Influencia que una persona recibe de otras personas de la misma edad.

RACISMO 6, 35
Realizar comentarios hirientes o ataques contra personas de una raza distinta a la propia.

REHABILITACIÓN 29, 39
Intento de cambiar o reformar a una persona condenada para que no cometa otro acto criminal.

ROHYPNOL (flunitrazepam) 29
Droga "de violación" que produce efectos sedantes, amnesia y relajación muscular.

SECTA 35
Grupo religioso que con frecuencia explota a sus miembros.

SENTENCIA BAJO CUSTODIA 37
Implica enviar a un joven delincuente a algún centro de menores o juvenil.

SERVICIO COMUNITARIO 37, 38
Realización de trabajos no remunerados para compensar a la comunidad por un delito cometido, en cumplimiento de lo dispuesto por sentencia judicial.

SEXO SEGURO 30
Practicar sexo seguro significa usar métodos anticonceptivos y de protección contra las ETS.

SIDA 30
El SIDA es una enfermedad que destruye el sistema inmune. Está causada por un virus llamado VIH.

SÍFILIS 30
ETS que puede causar lesiones en el sistema nervioso central y el sistema cardiovascular.

SISTEMA NERVIOSO 24, 28
Red de células nerviosas que envían información hacia y desde todas las partes del cuerpo.

SUICIDIO 16, 19, 40, 41
Poner fin a tu vida de forma intencionada.

TERAPEUTA 43
Alguien que te trata por un problema de salud.

TOQUE DE QUEDA 37, 39
Tener que regresar a casa a una hora determinada.

TOXINA 24, 25
Es un veneno. Están formadas por las células de animales y plantas.

VENENO 29
Sustancia química que afecta a la salud provocando lesiones, enfermedades o incluso la muerte.

VERRUGAS GENITALES 30
Las verrugas genitales comienzan como inflamaciones diminutas, que crecen hasta convertirse en afloraciones más grandes en la zona genital.

¡Socorro!

VÍCTIMA 14, 15, 19, 29, 32, 33, 35, 37
Alguien que ha recibido algún daño o que sufre alguna pérdida.

VIOLACIÓN 29, 32, 33, 37
La violación consiste en mantener relaciones sexuales con una persona contra su voluntad.

VIOLACIÓN EN UNA CITA 33
Practicar sexo con alguien contra su voluntad en una cita.

VIOLENCIA DOMÉSTICA 14
En ocasiones los jóvenes de una familia no resultan heridos, pero son testigos de mucha violencia e ira. Pueden ver u oír cómo sus padres discuten y se hacen daño físico.

VIRGEN 31
Persona que nunca ha practicado sexo.

XENOFOBIA 35
Temor a las personas que son diferentes de nosotros.

Direcciones útiles

http://guiajuvenil.com
www.savethechildren.es
www.adolescenciasema.org
www.adolescenciaytu.com
www.unicef.org/spanish/adolescence/index.html
www.injuve.migualdad.es

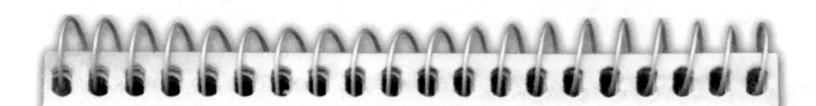

Friends of the
Houston Public Library

YA SP
346.730135 L415

Law, Felicia.
Socorro! no quiero problemas
: como mantenerte alejado de
problemas
Melcher YA CIRC
11/11